NATIONAL
GEOGRAPHIC

美国国家地理全球史

罗马帝国的崛起

Imperial Rome

美国国家地理学会 编著 周婉茹 李雪妍 译

中国出版集团 现代出版社

目　录

插图（第2页） 制作于公元1世纪的奥古斯都大理石半身像（收藏于慕尼黑国立古代雕塑展览馆）。

插图（第4页—第5页） 古罗马广场全景，前端建筑为农神庙。

插图（第6页） 博斯科雷亚莱别墅[1]（庞贝古城附近）中的一幅壁画中正在演奏齐特拉琴的女子（公元1世纪）。

[1] 罗马别墅是指罗马共和国和罗马帝国时期罗马上流人士的乡间别墅。——译者注

概　述

公元前44年，恺撒被刺杀之后，共和政体因为马克·安东尼与屋大维的权力斗争逐渐解体。屋大维接掌政权后，在罗马境内确立了元首制。罗马统治机构内出现君主后，先前建立的贵族机构逐渐向其屈服，这样一来，元老院立法的职能和权力被逐渐剥夺，国家的行政权、立法权和判决权都集中在了行政官的手里。与此同时，元老院的立法权受限：他们只能通过呈递上来的法律，或者废除一些直接侵犯自身阶级利益的法律。奥古斯都自上台以后，为了更有效地管理幅员辽阔的疆域，他广纳贤良，这也使罗马的国土不断扩张，从不列颠地区东南部开始，向东扩展到莱茵河、多瑙河流域，直至非洲的马格里布和埃及地区。甚至卢西塔尼亚、今西班牙及卡帕多西亚和叙利亚都曾是罗马帝国的一部分。在这些被起用的官员中，有些是在克劳狄统治之下曾在宫内任职的奴隶，后来获得解放恢复自由，有些是分布在由尼禄经营和改革的行政系统之内的骑士。

夺取王位和政权的关键是掌握军队。从克劳狄时期开始，谋权者就已经熟知了这个道理。为了使下属为自己效力，他们就必须以慷慨骁勇的军队统帅形象展示在公众面前。

自1世纪起，罗马的史官大多出自元老院贵族阶级。后来贵族阶级在从共和政体到君主政体的过渡中地位下降，这使他们对王权心生不满。这也解释了为什么他们会偏向记录一些含有不敬意味的逸闻趣事和王宫的生活情节。在这些记录里，他们大肆控诉执政官的恶行，描写酒神节声色犬马的淫乱场景，想要以此离间统治者和罗马民众，让执政官失去民心。

即便如此，因为第一手史料的幸运发现，如碑文、钱币和考古，以及一些驳斥当时著作的作品的出现，被笼罩在迷雾中的罗马1世纪史诗才被真实地重现。

插图（第8页—第9页）　和平祭坛浮雕中的罗马治世的寓言故事——繁荣的保障（公元前1世纪）。

插图（第10页）　奥兰治罗马剧院中的奥古斯都皇帝的雕像（公元1世纪）。

阿克提乌姆海战

屋大维在这场战役中获胜，成为罗马的第一位皇帝。这幅画的作者为约翰·乔治·普拉茨（Johan Georg Platzer）（1704—1761）；此画收藏于伦敦惠灵顿博物馆。

插图（右侧） 纪念这场战役的浮雕玉石，描绘的是屋大维在海面上凯旋的情景（收藏于维也纳艺术史博物馆）。

屋大维的崛起

屋大维打着为恺撒复仇的旗号登上政治舞台，这时他还未满 20 岁。之后，他的野心不断膨胀，并以此为借口连续发动了不下五次内战。一将功成万骨枯，成千上万的骑士流血牺牲，甚至元老院中众多代表共和派寡头旧势力的议员也丧命于此。自此之后，元老院连同所有民众都臣服于他，屋大维成为罗马唯一的统治者，并由此建立了新的政体：元首制。

屋大维原名为盖尤斯・屋大维乌斯・图里努斯，起先被称为奥克塔夫，随后被称为奥克塔维（屋大维），在成为罗马帝国的第一位元首后，人们尊称他为奥古斯都。他于公元前 63 年 9 月 23 日出生在拉齐奥大区南部的小城韦莱特里。苏埃托尼乌斯曾经预言道："有一天，这座城里的一个人会征服整个世界。"屋大维的父亲盖尤斯・屋大维乌斯是家族中第一个在元老院任职的人。他的祖父起初是一个被解放的奴隶，随后在图里伊开了一间制绳店。他的外祖父是一位银行家，通过向安东尼的支持者发放高利贷聚拢了大笔财富。因为有家族的财富支持，屋大维的父亲

屋大维一生中的大事件

公元前63年

屋大维在9月23日出生，是家中的第二个孩子。他的母亲名叫阿提娅，是恺撒的侄女。恺撒是家族中第一个参政的新人。

公元前44年

年轻的屋大维结束了在东方的旅行，返回意大利。他被恺撒收养，成为执政官的继承人。

公元前43年

屋大维在穆提那（现摩德纳）击败马克•安东尼，并获得了执政官的头衔，建立起后三头同盟的政治体系。

公元前42年

屋大维带领20万名士兵，与马克•安东尼在腓立比战胜了布鲁图斯和盖尤斯。

公元前31年

阿克提乌姆海战，屋大维与海军司令阿格里帕（Agrippa）战胜了马克•安东尼（Mark Antony）和克利奥帕特拉（Cleopatra）。

公元前27年

1月13日，屋大维（Octavian）重建罗马共和国，并被元老院授予奥古斯都的荣誉头衔。

走上罗马政坛。最开始他是一名大法官，后来成为马其顿总督。最后他重返罗马。公元前 59 年，屋大维的父亲去世，留下了年仅 4 岁的屋大维和年长一岁的姐姐小屋大维娅。他们的母亲阿提娅是恺撒的侄女，外祖父名叫马库斯·阿提乌斯·巴尔布斯，是元老院的一位议员，也是庞培的表兄弟。屋大维的父亲去世后，他的母亲决定再婚，她嫁给了一位贵族鳏夫，也就是屋大维的继父菲利普斯。

在随后的几年里，屋大维为了使自己元首的出身更加高贵，于是在民间散播了一个关于他的传说。这个传说嵌入在亚历山大大帝的故事里，宣称奥古斯都并非盖尤斯·屋大维乌斯的儿子，而是阿波罗神的儿子。当时，阿波罗神幻化成了蛇的样子在太阳神殿内使阿提娅受孕。在分娩之前，阿提娅梦见自己的腹部隆起直达云端，身体膨胀起来并且逐渐覆盖了整片土地。她的丈夫盖尤斯·屋大维乌斯也梦见妻子的腹部溢出了万丈光芒。为了使这个传说更加真实一些，以西塞罗、路泰提乌斯·加图路斯为代表的元老院议员因为利益关系，宣称自己是此事的见证者，他们声称自己曾经梦见在卡比托利欧山的半空中，奥古斯都沿着一条金色的带子走了下来，从朱庇特手中接过了象征着罗马国土的圣物。不仅如此，他童年和少年的经历也被赋予了传奇色彩，人们由此都坚信屋大维就是上天派来统治罗马的。例如，相传在屋大维年幼时，一只鹰从他手中叼走了一块面包，但后来又飞回来把面包还给了他。再如，在青年男子的成人礼上，他的祭服脱落到了

恺撒之子屋大维的祭坛

当没有后裔的公民想要延续血统时，他可以收养别人的孩子，并且将自己的姓氏传给养子。被收养的人要将自己的本姓加上“anus”的后缀，并放在新姓氏之后。

公元前 44 年，盖尤斯·屋大维乌斯·图里努斯（Caius Octavius Thurinus）被尤利乌斯·恺撒选为继承人，并由此成为朱利安（朱里亚）家族的一员。自此以后，屋大维改名为盖尤斯·尤利乌斯·恺撒·奥克塔维（Caius Julius Caesar Octavien）。成为恺撒的继承人后，屋大维自称是狄维·菲利乌斯的再世（Divi Filius）（一位神圣人物的儿子），以增加民众对他的信服度。在当时的罗马社会，人们十分看重家庭关系，并十分崇敬家神。公元前 10 年，奥古斯都进一步强化家神的地位，并为此设立节日，以表示对十字路口守护神的敬意。罗马的每个街区都有自己的祭坛，人们在祭坛上竖立了家神及守护神奥古斯都（Genius Augusti）的雕像。人们希望家神保佑自己的家庭能够一直幸福安康，阖家幸福。

插图 屋大维的祭坛浮雕，现藏于佛罗伦萨乌菲兹美术馆。

脚边，这实在不是一个好的兆头，但是屋大维急中生智道："看啊，元老院的地位只能及于我的脚边。"

成为公众人物的开端

第一任丈夫死后，阿提娅将她的儿子屋大维送给自己的母亲抚养，她的母亲名叫朱莉亚，是恺撒的姐姐。屋大维和外祖母一起生活了 8 年。外祖母去世后，13 岁的屋大维被迫离开了曾经的家。在那里，他接受了极其严格的教育。这些教育主要是针对拉丁语、希腊语和修辞学的训练。这些能力的培养是屋大维日后在罗马政坛获得成功不可或缺的因素，同时使他对文学产生了浓厚的兴趣。因此，在奥古斯都的一生中，一直有梅塞纳斯、贺拉斯、维吉尔等一些杰出的知识分子伴其左右。

公元前 49 年，恺撒和庞培之间的战争正式开战，阿提娅和家人离开罗马，回到韦莱特里避难，直到战争结束。阿提娅出身于朱利安家族，属于恺撒一派。一方面屋大维从小体弱多病，另一方面是为了躲避敌对势力的报复，阿提娅几乎对屋大维寸步不离。严格的伦理教化和恋母情结恰恰造就了一个冷酷又充满理性的屋大维，这为他成为未来的帝王埋下伏笔。

恺撒里昂是恺撒和克利奥帕特拉（人们所熟知的埃及艳后）的私生子，因此他不被当时的罗马法律承认。所以，恺撒并没有合法继承人。恺撒和阿提娅是表兄妹，屋大维是恺撒的表侄。因此，屋大维成年后，恺撒便帮他谋得公职，使其成为公众人物。恺撒利用自己大主教的身份，向其他主教同事们极力推荐自己的表侄。从此屋大维不仅可以自由地进入罗马所有的神庙和圣地，还可以参加所有的宗教仪式。之后不到一年，屋大维成为地方行政长官，由于时任法官在罗马节日期间需要前往阿尔班山参加庆祝活动，因此屋大维又成为代理法官。对于罗马民众来说，这也是他们第一次看见这位年轻的独裁者在广场上主持正义。根据苏埃托尼乌斯的记载，在自发前往广场的罗马市民中，有不少人不仅是为他出色的裁决能力所倾倒，也希望一睹他世间少有的英俊面庞。

公元前 46 年，在一场非洲胜仗之后，恺撒对侄子屋大维的偏爱已不加掩饰。即使屋大维并没有参与这场战争，恺撒仍命令他陪伴在自己身旁，一同检阅凯旋的军队。屋大维童年好友马尔库斯·阿格里帕（Marcus Agrippa）因自己的哥哥曾经受马尔库斯·波尔基乌斯·加图的煽动，作为反对派多次抗议恺撒而牵连获罪。屋大维借机取得了叔叔对好友的宽恕。所以自那时起，好友与屋大维愈加亲密无间，两人一同并肩作战，共同分享有关战斗、公职及家庭的喜悦和痛苦。

16 岁那年，屋大维和好友第一次受恺撒指派带兵前往西班牙行省，参与对抗庞培之子的战争。然而，两个人在七个月之后才到达西班牙，那时战争已经接近尾声了。因为屋大维当时体弱多病，需要留在罗马接受医生的治疗，马尔库斯·阿格里帕出于对好友的担心，也停留了很久。后来，两个人在新迦太基和塔拉戈（塔拉戈纳）停留期间，并没有住进恺撒的行宫，反而着手对当地的行政系统进行了有效的改革。

公元前 44 年，屋大维返回罗马不久后，便被恺撒任命为骑

梅塞纳斯——伟大的艺术家、屋大维的合作者

梅塞纳斯是阿雷佐王室的后裔。他与屋大维在阿波罗尼亚相识，正如普罗佩提乌斯在其挽歌中所说的那样，梅塞纳斯曾陪同屋大维在摩德纳、腓立比、佩鲁贾作战，并将自己的一生都奉献给了屋大维。梅塞纳斯不仅在罗马的政治生活中扮演着重要的角色，还为罗马留下了许多杰出的诗歌。

在卡西乌斯·狄奥（Dion Cassius）的文学作品中，有一段与阿格里帕（Marcus Agrippa）关于政治体制的虚构对话。两人提到了梅塞纳斯，并认为梅塞纳斯是君主政体的推动者（下图便是梅塞纳斯的半身塑像，1952 年出土于罗马的克里斯皮大街）。不仅如此，梅塞纳斯还带领自己的文学伙伴，如普罗佩提乌斯、奥拉斯及维吉尔一起以文学作品的形式为王权服务。他们将屋大维比作希腊罗马神话中的神和英雄，并且大力宣传奥古斯都的政治理念——和平、正义、奉献和胜利。这些文人的影响力很大，曾经有一位名叫奥维德（Ovid）的作家，他并没有亲身经历过屋大维的内战时期，但是依然在对奥古斯都的颂歌中极力吹捧，敬佩之情溢于言表。

士司令，奉命带领马其顿军团对抗帕尔特人。为此，屋大维远赴阿波罗尼亚和伊利里亚（今阿尔巴尼亚的发罗拉地区附近）。与他一起出征的还有阿格里帕、梅塞纳斯及他的老师阿波罗多尔·德·佩尔加梅。值得一提的是，梅塞纳斯是恺撒好友的儿子，同属王族后裔。

屋大维的东方之行

在那时，阿波罗尼亚是东地中海地区盛极一时的文化中心，也是一座自庞培内战之后归顺于恺撒的城市。恺撒命屋大维留守此地，不仅是为了使他顺理成章地继承他的财产、完成他的政治蓝图，也是为了使屋大维接受贵族王子的教育。在阿波罗尼亚时期，屋大维学习了兵法，精进了自己希腊雄辩术的运用能力。这种雄辩术在当地被视为教学基础，但与他曾经学习的内容相悖。以马克·安东尼的演讲为例，这种雄辩术带有明显的亚洲风格，显露出文体的辞藻华丽和自我标榜的特点。然而，阿波罗多尔·德·佩尔加梅的教学则以文体雅致为原则，追求语言的简明和纯粹。

就这样，屋大维以未来的恺撒继承人的身份在阿波罗尼亚生活了一段时间。在史官的史录中，同样存在一些带有神话色彩的片段，这无疑都是为了使屋大维的第一元首身份更加令人信服。根据记载，阿格里帕和屋大维曾经拜访过一位占卜者，两人想要知道自己以后的命运。占卜者预言道："阿格里帕的命运中将会有一些异常美好并且超乎寻常的事情发生。"起初，屋大维害怕自己的未来没有好友的那么光明，拒绝向占卜者提供自己的生日。然而，占卜者还是感知到了屋大维的未来，并立刻俯下身子向屋大维表示敬意。见此情形，屋大维才说出了自己的出生日期。

屋大维到达阿波罗尼亚几个月后收到了母亲的一封信。在信中阿提娅提到恺撒在3月15日被刺杀，他过去的一些亲信参与了元老院寡头政治和一人独裁的争斗，母亲提醒屋大维远离斗争的旋涡。为了安全起见，阿提娅希望屋大维回到罗马，但并没有告知他，恺撒已经将其收养并认定他为自己的合法继承人。

重返罗马

公元前44年，屋大维被恺撒正式领养。此后，他改名为恺撒·屋大维。他在经过布伦迪西姆（布林迪西）港口时，得知了恺撒的遗嘱和最后的遗愿。并且从中获悉了恺撒是死于朱尼厄斯・布鲁图斯和卡尤斯・卡西乌斯・朗吉努斯谋反的消息。然而，这些谋反者却在刺杀事件后被赦免。另外，在听完马克・安东尼在广场的演讲之后，人们被蛊惑，在插着匕首的恺撒尸体前大喊着为他复仇的口号。过去，马克・安东尼负责接收恺撒的行政命令，屋大维知道他欺上瞒下，经常私自更改或取消恺撒的决定。此外，安东尼还将大量的国库财产和朱利安家族的遗产据为己有。不仅如此，在恺撒被刺杀后，他声称自己是一个没有任何政治经验的年轻人，并以此为借口在罗马境内实行专制独裁，阿提娅和丈夫鄙视他的所作所为，但又担心儿子的安全，于是试图劝阻儿子接受恺撒的遗产。在他们看来，接受这份遗产就意味着要和罗马民众一起面对恺撒被刺杀的仇恨、愤怒和悲戾。然而，屋大维的想法却与父母截然不同，他决定以继子的身份成为恺撒的继承人，并且决定要带领罗马走向新的征程。为了达到这个目的，他招募忠于恺撒的老兵，组成了一支常备军。

根据卡西乌斯・狄奥的记载，屋大维希望在复仇之前先得到人民的支持，于是他秘密回到罗马。一方面他给民众以金钱的许诺，另一方面决定执行恺撒生前的决定——举行庆祝法定节日的仪式，这个节日是为了庆祝维纳斯神庙的建成，神庙位于新建成的广场上。公元前 44 年，在其中一场庆祝仪式上，有一颗彗星划过天空。屋大维借机立即向公众宣称，这是一个来自神明的信号，是为了告诉大家恺撒已经化作一颗星星，并成为奥林匹斯诸神中的一员。

摩德纳的胜利

在恺撒生前颁布的法令之中，有一条预见性地将地方政府控制在自己的支持者手中。因此，恺撒将内高卢交到了海军指挥官布鲁图斯・阿尔比努斯的手中，但是后来，布鲁图斯・阿尔比努斯倒戈，归顺于反叛者。马其顿的地方政权被恺撒交给了马克・安东尼。然而，内高卢曾经富甲一方，又临近意大利，因此招来了马克・安东尼的觊觎，他企图非法从布鲁图斯手中夺回政府，并据为己有。在这之后，马克・安东尼前往布伦迪西姆，向待命的马其顿骑士军团发令。这一举动同样也意味着对元老院、布鲁图斯和屋大维三方宣战。

屋大维被视为恺撒的合法继承人，获得了民众的支持，准备先对抗他最强大的

敌人。同时，他获得了坎帕尼亚老兵的拥戴，还有元老院和布鲁图斯的支持。为了资助军队，元老院议员们为屋大维提供以罗马所有屋顶的瓦片为基数的四倍政治献金。

公元前 43 年，马克·安东尼带兵向内高卢行进时，与屋大维的军队在摩德纳不期而遇。根据卡西乌斯·狄奥记载，这场战斗以屋大维的胜利告终。“这场战斗无论是谁胜利对于罗马民众来说都是一样的，因为那都是对于民主的摧毁和专政的开始。交战双方使国家成为一片废墟，两方参战将士的名声却截然相反。战胜的一方被视为爱国者，战败的一方遭到世人唾骂，并被当作

维纳斯神庙

恺撒（Julius Caesar）在公元前 46 年命人在广场旁修建了这座庙宇。女神维纳斯当时被视为特洛伊神灵之母及人类的祖先。这间神庙用大理石建造，神庙内外一共修建了八根神柱。人们还仿照克利奥帕特拉的样子修建了维纳斯的神像，并将其与恺撒的神像并排陈列在庙中。

图密善统治时期命人重修了这座神庙，但只保留下了三根神柱。

国家的敌人。”在这场对抗中牺牲的人中，有两位是当时的执政官，他们分别是奥卢斯·希尔提乌斯和卡尤斯·维比乌斯·潘萨。

后三头同盟时期

屋大维胜利的消息传到了罗马后，人们为此确立了60天的节庆感谢神灵。然而，虽然屋大维的军队被授予荣誉称号，但是元老院和罗马民众的意见却并不一致。塞克图斯·庞培被视为海军首领，朱尼厄斯·布鲁图斯想要同时接管马其顿和内高卢的地方政府。与此同时，马克·安东尼被视为公敌，他的所有财产都被充公。

屋大维被多方掣肘，一方面元老院对他的质疑声从未停止，另一方面军队中也有认为他是战争贩子的声音，因此他失去了军队的支持。在前途未卜的情况下，屋大维在罗马四处奔走，想要获得执政官的任命书。当时，屋大维未满20岁，还未到达最低任职的法定年龄，因此他的请求被拒绝了。值此危难之际，他的一个士兵拔出剑大声喊道："如果您不授予屋大维执政官的身份，那就让这把剑出面决断吧！"面对这样的情况，西塞罗回答道："如果你们这样强求的话，那执政官的头衔就是他的了。"

屋大维由此获得了他梦寐以求的执政官称号。不久后，他决定和布鲁图斯结盟，并且和马克·安东尼签订秘密协定。在罗马内部，为了获得军队的支持，他向将士们分发社会资金，并且在管理城市事务的时候塑造自己廉政的形象。在这期间，他试图得到元老院议员的支持，他的目的有两个：一是便于自己雇佣民兵，二是为了使自己获得比其他执政官更多的权力。

在得到军队和元老院的支持后，屋大维准备为养父恺撒复仇。他提交了一份关于惩治谋反和刺杀恺撒事件参与者的法律提案，在这份提案中，即使这些人当时不在罗马境内，也应该受到惩罚。他离开罗马前往希腊，布鲁图斯和卡西乌斯躲避于此。与此同时，马克·安东尼和雷必达与屋大维签订了一份共处协定，并将这份协定封存在一个小岛上（今博洛尼亚地区）。依据这份协定，三方共同参与重建共和国，既不需要对民众负责，也不需要听命于元老院。为了避免绝对权力的出现，他

屋大维、马克·安东尼与雷必达的后三头同盟

公元前 43 年 11 月 11 日，屋大维、马克·安东尼与雷必达在博洛尼亚旁一个叫作里诺的小岛上签署了同盟协议。三方决定共同应对此后的敌人，并共同管理罗马帝国。同年 11 月 27 日，他们发布了公告，标志着三头同盟正式形成。

上图是一幅名为《里诺岛的三头同盟》的画（创作于 1842 年），再现了卡西乌斯·狄奥和普鲁塔克（Plutarchus）描述的一幕。在这幅图画中，三头同盟正在划分各自的管辖范围，并且陈列自己的敌人清单。在他们各自的敌人中，不乏对方亲戚的存在，因此，他们决定以一死一换的方式保护自己的宗亲。例如，屋大维默许马克·安东尼暗杀西塞罗（Cicero）以保护自己的叔叔卢修斯·恺撒（Lucius Caesar），而雷必达（Lepide）也同意杀死自己的兄弟埃米利乌斯·保卢斯（Aemilius Paulus）。根据协议的条款，三人在五年内按协议中划分的领域治理国家，五年后再重新划分。并且，为了巩固同盟关系，屋大维答应马克·安东尼迎娶他的妻妹克劳狄娅。这份同盟协议签署之后，300 名罗马公民因此丧生。

们分割了外省的监管权。屋大维管理非洲、撒丁及西西里地区；雷必达管理西班牙和今法国南部纳博讷地区；马克·安东尼负责管理内高卢和比利牛斯山莱茵河流域的高卢部分。这份协定从 11 月 27 日起生效，三方享有未来五年的执政权。

为恺撒复仇

在向刺杀恺撒的真凶复仇之前，这三位执政头目发动了一场血腥的战争。这场战争旨在废除原先的法律，以为战争筹备资金。他们刚到罗马便让整个城市尸横遍野。那些尸体被运往牲畜的牧场，死者的头颅被插在矛上，在广场的主席台前示众。被惩治者的财产用于填补国库，告密揭发他们的人将会获得巨大的

奥古斯都广场

屋大维成为罗马皇帝后，命人在自己的私人土地上修建了这个议事广场。这座广场的修建始于公元前 20 年，历时 40 余年，最终修建成功。上图中，广场的中心是屋大维命人为自己修建的庙宇。在这座庙宇内，他被视为战神乌尔多。在腓立比战争之前，人们在这里举办青年男子的成年仪式，并且将战争后的战利品存放于此。

腓立比战争：为恺撒复仇的胜利

公元前 42 年 9 月底，为了给养父恺撒复仇，屋大维与马克·安东尼发起了两次起决定性作用的战役，在这两场战役中，他们的敌人是马尔库斯·朱尼厄斯·布鲁图斯和卡尤斯·卡西乌斯·朗吉努斯。双方在马其顿东部的城市腓立比交战。

当时，布鲁图斯拥有一支由 130 名士兵组成的海上部队，卡西乌斯招募了昆图斯·卡西留斯·巴苏斯（Quintus Caecilius Bassus）的两个军团。此外，他们剩下的骑士军团有六支包围了阿帕米亚（Apamea），四支包围了埃及。布鲁图斯（下图为布鲁图斯半身像，收藏于罗马国家博物馆的马西莫宫内）有八个军团。布鲁图斯和卡西乌斯共有大约 8 万名步兵和 1.7 万名骑兵，并投入了大批财物以换取士兵的忠诚。在屋大维一方的阵营中，共有 19 个骑士军团。右图描绘的便是腓立比战争，被织在一条阿尔穆达纳宫挂毯上。

奖励并被赋予荣誉职位，或者他们的后代可以被免除兵役。然而，也有一些人趁乱作祟，借机报私仇、泄私愤。在这场战争中死去的，不只是这三位执政头目的反对派，还有一些富人和试图对罪犯施救的人。为了阻止这种暴力情绪的蔓延，也为了重新树立自身的威信，这三位执政官立法要求每位市民都应该宣扬积极乐观的正能量，为社会营造真善美的氛围，否则将会被处以死刑。

自此，他们拥有了足够的资金抚恤军队。这些钱主要来源于充

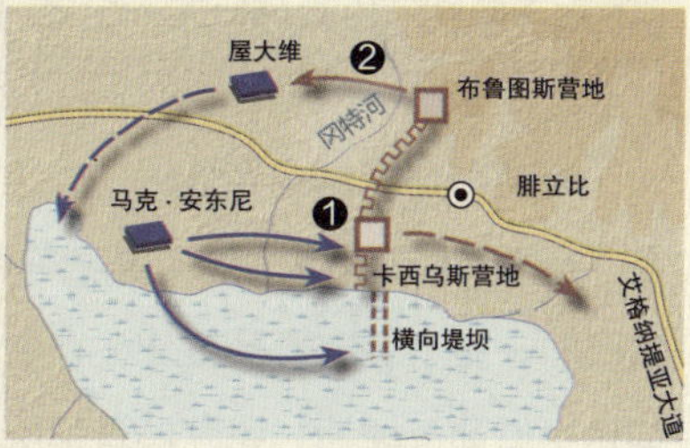

❶ **进攻** 公元前42年10月3日，马克·安东尼率兵袭击了卡西乌斯的堡垒。

❷ **反击** 布鲁图斯率军反攻。

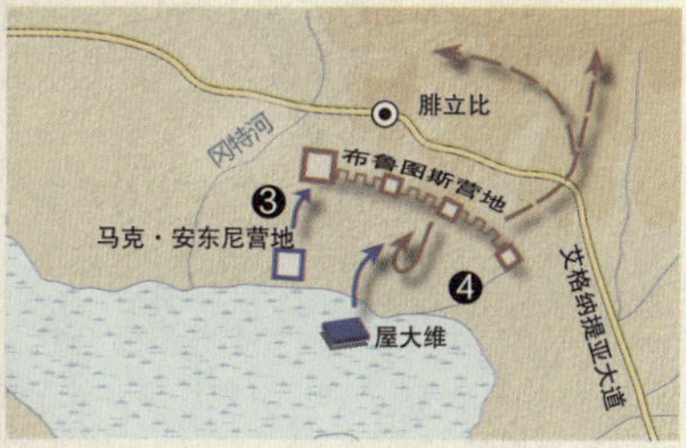

❸ **追击** 马克·安东尼率军驻扎在卡西乌斯阵营的旁边。

❹ **最后的对决** 10月23日，布鲁图斯率军进攻，战败后带兵撤退。

公的财产、流放的罪犯的家产及新制定的税目。屋大维和马克·安东尼指挥军队向希腊方向进发。雷必达则继续留在罗马管理内务。这两位执政者收到巴尔巴斯和卢西亚斯的求救，他们位于菲利普斯（腓立比）附近的盘结山上。那里还有布鲁图斯和卡西乌斯的军队，比屋大维和安东尼的军队更强大。

然而，屋大维并没有直奔目的地，而是准备先在卡拉布里亚击败塞克图斯·庞培。塞克图斯·庞培正试图从西西里岛接管意大利

诗人维吉尔与朱利安家族的神圣渊源

根据苏埃托尼乌斯的说法，维吉尔是奥古斯都时期最杰出的诗人，他的代表作有《牧歌》《农事诗》和《埃涅阿斯纪》。在他的墓志铭上，他以这样的一段话总结自己的一生：我在曼图亚出生，在卡拉布里亚死去，在我的一生中，最让我不舍的却是小城那不勒斯，我歌颂过那里的牧场、田野和英雄们，并留下了我此生最引以为傲的作品。

公元前70年，维吉尔出生于一个名叫曼图亚的城市。左图是一幅镶嵌画（现收藏于突尼斯巴多国家博物馆）。在这幅图上，中间便是诗人维吉尔，他的两旁是两位掌管文艺的缪斯女神。《牧歌》是维吉尔的第一部作品，收录了他的十首颂歌。在写完这本书后，维吉尔加入了梅塞纳斯的文学圈子。在他的《牧歌》中，有一位名叫梅利贝（Melibée）的牧羊人。和意大利的许多农民一样，他的命运十分悲惨。在当时，屋大维为了抚恤老兵，强制征用农户的土地，导致很多农民居无定所，不得不过起放牧的生活。而在他的另一首诗歌中，出现了第二个牧羊人形象——提泰尔（Tityre），在诗歌中他以对话的形式呈现两个牧羊人的不同处境。人们都说提泰尔的生活处境优越，是维吉尔自身的缩影。维吉尔后来又撰写了《第四颂歌》，以表示黄金时代（波利翁统治时期）的到来。在维吉尔的第二部作品《田野》中，受梅塞纳斯的影响，他极力赞颂奥古斯都，以此感恩他为人们带来和平，并在其中描绘了自己在意大利富饶宁静的乡村生活。这是一首带有说教性质的诗歌，是维吉尔受瓦伦（Varron）有感而创作的。维吉尔的代表性作品无疑是《埃涅阿斯纪》，这是一部史诗，歌颂的是特洛伊战争中以埃涅阿斯为代表的英雄们。后来，朱利安家族称埃涅阿斯为他们的先祖，并在自己的政治游说中大力鼓吹这一点以获取民心。

的所有权。后来，屋大维意识到自己并不能在短时间内击败庞培，于是决定增派一部分骑兵留在岛上抵抗，自己则前往希腊与马克・安东尼一同作战。

战争的号角已经吹响了，起先，布鲁图斯和卡西乌斯与对方实力相当，打了几场胜仗，但随后又被击败。卡西乌斯的军队被击溃后，他害怕收到同盟军同样被击溃的噩耗，便含恨自杀了。另一方，布鲁图斯在冲突中战败，而且他的部队中有大批将士叛变，面对这样的情况，布鲁图斯与卡西乌斯一样选择了自杀。根据卡西乌斯・狄奥记载，屋大维原准备将布鲁图斯的头颅运送回罗马，将它放置在恺撒雕像脚下。然而在运送过程中，一场暴风雨使船难发生，布鲁图斯的头颅便沉入了亚得里亚海底。布鲁图斯和卡西乌斯的消失，使恺撒的声誉得以重建。自此，在人们心中，他成了如同上帝一样的存在。人们在曾经火化恺撒尸体的地方修建了一处庙宇。恺撒在庞培议事会上被刺杀，这个地方最后被改为公共厕所。不仅如此，人们还在民会旁修建了一处新的市议会，并命名为库里拉・尤里亚。此外，恺撒的生日是7月13日，人们将其视为必须庆祝的节日，至于他遇刺的日子，则被称为纳法斯图日（nefastus[2]）。

政治联姻

在腓立比战役胜利后，近20万名士兵为恺撒复仇的愿望最终达成。他们于是驻军意大利。为了给所有老兵分发土地，屋大维发起了一场对外扩张的战争。这场战争将大量地主的土地据为已有，在半岛北部扩张的土地尤其多。此外，还有一些人如诗人维吉尔，通过阿斯纳斯和盖修斯的介入，获得了被充公的土地。马克・安东尼的哥哥和妻子趁机煽动人民的不满情绪。后来，公元前40年，人们要求分配自己应得的土地并为此发起了佩鲁贾战役，但被阿格里帕和屋大维的忠实部下成功镇压。在恺撒的第四次刺杀纪念日上，反叛者在神坛前被祭杀。

也正是因为如此，自腓立比战役之后，马克・安东尼的妻子富尔维亚被遣送至丈夫身边，两人在东部生活。值得一提的是，在这一年前，塞克图斯・庞培凭借着强大的海军实力征服了西西里岛，并对罗马的谷物供应产生严重威胁。恰巧马克・安东尼的母亲躲避于此，并在达尔斯结识了埃及艳后克利奥帕特拉，于是马克・安

[2] 该词源于拉丁文 nefās，意为“神圣的法律禁止的”，在这一天，不能宣判判决或召集集会。——译者注

东尼与庞培的紧密关系威胁到了屋大维。由于担心马克·安东尼与塞克图斯·庞培结成同盟，在朋友梅塞纳斯的建议下，屋大维请求和科妮莉亚·西拉（Cornelia Sylla）与卢修斯·斯克里波乌斯·利波（Lucius Scribonius Libo）的女儿斯克里伯尼亚（Scribonia）联姻，她也是格涅乌斯·庞培和塞克图斯·庞培的妹妹庞培娅·麦格纳（Pompeia Magna）的孙女。因此，这场军事联姻使朱利安和庞培两大家族结盟。庞培一方之前被视为反对三头政治的最大势力，由此一来，也使庞培与三头政团之间保持了相对和平的状态。

然而，在腓立比战役之后，屋大维与马克·安东尼关系破裂，屋大维受到威胁。公元前 40 年，为了改善双方关系，三头政团在安东尼经过意大利时重新修订协定。他们重新分配领土，屋大维管理西部，马克·安东尼管理东部，而雷必达则管理非洲地区。马克·安东尼在丧偶不久后与屋大维的姐姐小屋大维娅结婚，三方商定的协定在婚礼上正式生效。

小屋大维娅的第一任丈夫名叫马塞勒斯，曾在公元前 50 年担任执政官，是恺撒的反对者。丈夫死后不久，29 岁的小屋大维娅便改嫁安东尼。在第一任丈夫去世时，小屋大维娅还怀着他的第二个女儿克劳狄娅·马塞拉。尽管如此，元老院还是授予了她在怀孕期间再婚的权利。就这样，小屋大维娅带着与前夫的三个孩子，与马克·安东尼和前妻的两个儿子（安蒂勒斯和朱利叶）生活在了一起，随后，二人又生下大小安东尼娅。

利维亚和克劳狄家族

公元前 39 年，罗马实行了一次大赦，使曾经获罪逃亡的人们重返罗马。这些人有的是与被放逐的罪犯有关，有的是被判定直接或间接参与过刺杀恺撒计划的反叛者。在这些重返罗马的共和国贵族中，也包括提比略·克劳狄乌斯·尼禄家族。这个家族曾经在坎帕尼亚（Campanie）率军与屋大维对抗，以支持卢修斯·安东尼（Lucius Antoine）的起义。后来，塞克图斯·庞培庇护被后三头同盟放逐到西西里岛的罪犯，因此尼禄逃亡到此处。与尼禄一起重返罗马的，是他怀孕六个月的妻子和儿子提比略，提比略后来成了克劳狄家族的第一位执政者。

利维亚·德鲁西拉

左图这块精美的玛瑙浮雕制作于公元3世纪（收藏于维也纳艺术史博物馆）。在这块浮雕上，利维亚右手托着丈夫奥古斯都的半身像，左手握着一束小麦。她常将自己比作罗神色拉斯，声称自己可以为罗马带来丰收。利维亚与奥古斯都的婚姻持续了50年，并且两人婚后并没有再生育后代。但是利维亚在奥古斯都身边扮演着重要的军师角色，并对丈夫绝对忠诚。

这场大赦对于屋大维而言恰恰是一个拉近与旧贵族关系的契机，从而达到离间马尔·安东尼使其退出政治舞台的目的。在一场社交舞会上，屋大维见到了后来成了他第二任妻子的利维亚。根据帕特库鲁斯记载，无论是从出身、品德还是容貌上来讲，利维亚都是最出众的女人。当时与利维亚一同到场的还有两个共和国内最显赫的家族：克劳狄·普赫里和利维斯·德鲁索斯家族。在此处记录者的意见不一致，有人说是为了爱情，有人说是受政治利益驱动，屋大维向利维亚伸出了双手。此时，尼禄已经意识到这无疑是一次对屋大维的敌人来讲不利的政治联姻，因此他把自己的妻子献给了屋大维。于是，在与第一任妻子所生的女儿出生当天，屋大维休掉了斯克里伯尼亚，并于公元前38年的1月迎娶了利维亚。在不久之后，利维亚便诞下德鲁索斯。对此，罗马的人民调侃道："真是幸运啊，仅怀孕三个月便生出来了。"

尽管先前和尼禄有过一段短暂的婚姻，利维亚还是将一生奉献给了克劳狄家族和自己的儿子提比略。因此，在奥古斯都去世后，提比略继承了元首位置。然而，这个过程却不是那么顺利，屋大维属意的第一位继承人是朱利安家族，因此，利维亚不得不等到所有的朱利安家族候选人死后，才成功地辅佐自己的儿子上位。最先死去的是屋大维娅的儿子马萨鲁斯，而后是从女婿阿格里帕处收养的两个儿子盖尤斯和卢修斯，他们曾被元老院称为年轻的王子。并且，在提比略继承王位后，阿格里帕的大儿子也遇刺身亡。

塞克图斯·庞培的失败

屋大维与斯克里伯尼亚婚姻的结束，使屋大维曾经在公元前 39 年在梅森签署的休战条例自行作废，屋大维开始对塞克图斯·庞培宣战。多数支持庞培的元老院成员将西西里岛周围海岸的防御权交给了庞培大帝的儿子，随后，庞培又趁机占领了西西里岛。一方面，他将岛外海域划分给海盗，使得他们肆意劫掠过往的船只，这些船只装载着从非洲向意大利输送的谷物；另一方面，庞培有一批异常团结的宪兵队和海军舰队，这些都是由奴隶、逃亡者和被屋大维流放的人组成的。这两个方面原因使庞培在与三头政团的第一次交战中获胜。

屋大维为此心怀不甘，便向刚从罗马得胜归来的阿格里帕下令，命令其挑选经验丰富的水手和士兵，组成一支全新的舰队。不到两年的时间，阿格里帕就已经实现了这项宏伟的计划，不仅如此，考虑到罗马的军舰分布在意大利所有沿岸，阿格里帕着手建造了一个大型港口，用于集合和休整整个部队。为此，他选择了一个半月形的海湾，它位于坎帕尼亚（Campania）并临近库迈（Cumae），内部有两个被隔开的内陆湖——阿韦恩（Averne）和卢克林（Lucrin）。为了使这两个湖泊连接起来，工程师奥克图斯修建了绵延 350 米的运河，并且在卢克林湖修建了人造出海口，因此，湖内的水得以穿过海滩入海。不仅如此，为了使这两个湖泊与库迈的老港口相连，他还修建了地下暗河。自此，一个全新的港口修建完成，人们将它命名为尤利乌斯·波特斯（Julius Portus）。公元前 36 年，阿格里帕组建起了一支由 4 万多名被释放的奴隶组成的军队，并于冬天在此地练兵。

春天一到，朱利安家族的舰队就载着攻击塔和训练有素的士兵出发，开始了对西西里岛的第二次进攻。然而，当舰队驶到佩斯图姆以南的帕林努尔角附近时，他们遭遇了风暴，损失惨重。休整过后，阿格里帕率兵在海上战役中两次击败了塞克图斯・庞培。根据亚历山德里亚・阿皮安（Appian of Alexandria）记载，两场战役一次是发生在米拉佐（Milazzo）附近，另一次是发生在纳洛克。第二场战役于公元前 36 年 9 月 3 日开始，当时，整个海面上都是船只，士兵们在海滩上作战，规模之大难以描述。这场战争旷日持久，但是，阿格里帕还是击败了敌军，迫使对方不得不前往墨西拿避难。这场战役使塞克图斯・庞培伤亡惨重，28 艘船被击沉，只有 17 艘舰艇得以逃脱，其余的不是在战火中焚毁就是被阿格里帕收作战利品了。

亚历山大或是罗马

被击败的塞克图斯・庞培先是逃至希腊，然后逃往东方。最终被马克・安东尼的部下俘虏并被处决。在当时，雷必达作为三头政团中最弱的一方，想要试图征服西西里岛，但遭到了屋大维的阻止。屋大维趁机以此为借口指控雷必达叛国。于是，屋大维解除了雷必达的所有职务，并取消了他除大祭司之外的所有头衔。公元前 12 年，雷必达离世。自此，马克・安东尼和屋大维二人平分权力。他们明面上是政治联盟，暗地里却想夺取对方的权力，成为罗马的唯一元首。

在与庞培交战时，马克・安东尼开始征服东部的土地，这片领土是由帕提亚人（Parthian）统治的。恺撒是这个计划的制订者。起初，帕布留斯和盖尤斯・索西乌斯两员大将凭借着出色的作战才能取得了几场胜利，然而，这场战争还是以失败告终。这场战争的巨额费用主要由克利奥帕特拉资助，在此之前，这个女人已经为马克・安东尼生下了三个孩子。

马克・安东尼战败之后，他的拥护者在罗马散布虚假消息，试图掩盖他的失败。在此之前，罗马人都在议论他与克利奥帕特拉的私情。传闻说他承认了艳后所生的三个孩子，即双胞胎亚历山大和克利奥帕特拉・赛琳娜，以及最小的托勒密・费拉德普斯，并分给了他们罗马扩张的领土，如阿拉伯、叙利亚、腓尼基、巴勒斯坦、克里特岛、昔兰尼和塞浦路斯等。还有传闻说，为了击败帕提亚人，妻子小屋大维娅前往东方向屋大维寻求增援，屋大维答应了姐姐的请求，并派出了两队骑兵，然而马克・安东尼却拒绝接回自己的妻子。还有消息称，他为了羞辱亚美尼亚国王和他的家人，将他们如同战利品一般在一次凯旋游行时向众人展示。

政治捐赠——政治游说的重要手段

为了使罗马配得上帝国首都的称号，也为了殖民地与外省的发展，屋大维借鉴了雅典的经验，鼓励人们向公共建筑捐款。

政治捐赠的意思是指将私人的财富捐给国家，用于公共设施的建设。捐献人看似无私，其实是为了通过这样的方式得到民众的支持，并在行政机关中谋得职位。其中，最抢手的职位便是法官。这些私人的财富大多是用于建设公共设施，人们会在公共设施上刻上捐款人的姓名。但是，这些由私人捐献的公共设施还是要服务于皇家的政治宣传。阿格里帕是屋大维的重臣，也是共享财富的表率（下图是阿格里帕的半身雕像，现收藏于巴黎卢浮宫内）。在阿格里帕的支持下，罗马修建了引水渠、图书馆、神庙、廊柱大厅及剧场。右图是阿格里帕在公元前 17 年为屋大维养子马塞勒斯（Marcellus）修建的神庙，人们在这座神庙内庆祝世纪大事件。后来，人们在对面修建了阿波罗神庙，盖尤斯·索西乌斯随后重修了阿波罗神庙。

马克·安东尼战败的消息传到罗马时，罗马人正在庆贺城市的转型，这次转型是由阿格里帕和屋大维出资的。屋大维还建造了门廊和图书馆，并延续了邻近剧院的修建，这个剧院后来由马塞勒斯使用。阿格里帕自费修建了罗马的街道和所有公共设施。除此之外，阿格里帕还对下水道进行了清洁和消毒，疏通了罗马水道和马尔西亚河（Aqua Marcia）水道，全年为人们提供免费洗浴服务，并在戏剧演出时向人们发放金钱、衣服和食物。

马克·安东尼的遗嘱

事实证明，屋大维这种带着明显企图的慷慨大方很快就收到了成效。他一方面在民众面前展示着自己乐善好施的形象，这与马克·安东尼在舞会上的挥金如土形成了鲜明的对比；另一方面暗地里命人刻意散播马克·安东尼和克利奥帕特拉的私情。不仅如此，屋大维还在元老院和人民议会前控诉马克·安东尼的不良居心。

马克·安东尼与克利奥帕特拉

克利奥帕特拉被马克·安东尼称为“国王的皇后”，这个名字自古以来就代表着致命的诱惑。她利用自己的美貌先后勾引了尤利乌斯·恺撒、马克·安东尼以及屋大维。克利奥帕特拉的父亲是埃及的法老托勒密十二世·奥勒特（Pharaoh Ptolemy XII Aulete）。随后，她的弟兄托勒密（Ptolemy）在波欣（Pothin）的帮助下夺权，逼死了自己的父亲。克利奥帕特拉诱惑一位又一位君主，其实是为了问鼎埃及王位，并抵抗罗马的统治。后来，马克·安东尼与克利奥帕特拉相爱，并居住在她附近的亚历山大港（Alexandria），自称酒神，在罗马东方过着国王一般的生活。然而，他与克利奥帕特拉的私情遭到了罗马人民的指责，并认为他是伤风败俗的典型。

左图是头戴埃及冠冕的克利奥帕特拉的雕像，作者是英国的亨利·维克斯（1807—1877），现收藏于赫尔的弗伦斯艺术画廊。

上图的文字为“征服埃及”，是在公元前30年为了庆祝阿克提乌姆海战胜利而打造的。

一段爱情故事

公元前41年

马克·安东尼向克利奥帕特拉求助，并邀请她到奇里乞亚的塔鲁斯（Tarsus）。克利奥帕特拉沿水路到达时，打扮得如同美神阿弗罗狄忒下凡。她乘坐的船帆是艳红色，船顶镶金，船桨是银制的。马克·安东尼对克利奥帕特拉一见钟情。

公元前40年

马克·安东尼在意大利与屋大维签订《布林迪西协定》，并承诺迎娶屋大维的姐姐小屋大维娅。就在那时，克利奥帕特拉在亚历山大生下了他们的双胞胎儿子。

马克·安东尼

上图是马克·安东尼半身雕像（收藏于罗马的卡比托利欧博物馆）。恺撒死后，马克·安东尼想成为罗马的君主，但遭到了屋大维的反对。因此，他试图通过联姻积攒自己的力量。他与法迪亚（Fadia）有过一段短暂的恋爱关系，随后，便与表妹安东尼奥·伊布里达（Antonia Hybrida）结婚，并因此与元老院成员建立了牢固的联系。婚后，他又与女喜剧演员塞瑟里德（Cythéride）通奸，目的是抢占她的财产。马克·安东尼事后极力澄清，是塞瑟里德先勾引他的。随后，他又同时与西塞隆、富尔维（Fulvie）两位女性保持不正当关系。但是，这一切都在马克·安东尼遇见克利奥帕特拉之后改变了。一方面，克利奥帕特拉的美貌吸引了马克·安东尼；另一方面，他可以利用克利奥帕特拉的身份建立一个更为强大的帝国。然而，两人有缘无分，在克利奥帕特拉为马克·安东尼生下两个孩子之后，他还是迎娶了屋大维的姐姐小屋大维娅。

公元前37年

马克·安东尼与帕提亚人作战，妻子小屋大维娅前往东方向弟弟屋大维请求增援，但是后来马克·安东尼拒绝接回妻子。并在安塔基亚与克利奥帕特拉结婚，在那里，克利奥帕特拉生下了他们的第三个孩子托勒密·费拉德普斯（Ptolemy Philadelphus）。

公元前34年

在亚历山大竞技场，马克·安东尼授予克利奥帕特拉“皇后”的称号以及埃及、塞浦路斯和叙利亚的管辖权，并分别赋予他们的三个孩子对亚美尼亚、帕提亚、腓尼基和西里西亚的管辖权。

公元前31年

屋大维在阿克提乌姆战胜了马克·安东尼和克利奥帕特拉。随后，两人逃往亚历山大港，并在那里相互许下了同生共死的誓言。

公元前30年

屋大维包围了亚历山大港，克利奥帕特拉为了活下去，躲进了封闭的陵墓中，并设计使马克·安东尼相信她已经死了。马克·安东尼得知了这个虚假消息，自杀身亡。随后，克利奥帕特拉试图勾引屋大维，但是失败，随后自杀身亡。

他先是命令马库斯·蒂蒂斯和卢修斯·穆纳蒂乌斯·普库斯非法窃取了马克·安东尼的遗嘱，随后又将此作为他出卖国家利益的证据公之于众。

在一次元老院的会议上，两位行政官多米图斯和索提奥斯控诉屋大维居心叵测玩弄权术，于是士兵们掏出匕首包围了屋大维。对此，屋大维宣称已掌握了马克·安东尼罪行的证据，并将在未来的一天内向大家公布。到了约定的那天，屋大维宣读了马克·安东尼的遗嘱。根据卡西乌斯·狄奥记载："马克·安东尼明确地肯定恺撒里昂确实是恺撒的儿子。他承认向克利奥帕特拉的孩子们送了大量礼物，并表示希望与她一起被埋葬在亚历山大港。这份遗嘱得到了历史学家的确认，是的，在场的人对马克·安东尼的话深信不疑。在遗嘱中，他还提到'胜利之后，马克·安东尼将会把罗马赠送给克利奥帕特拉，并将埃及作为罗马帝国的新首都'。"

元老院在知晓马克·安东尼的计划后，决定剥夺他执政官的权力，并向克利奥帕特拉宣战。马克·安东尼为了取悦埃及艳后而牺牲罗马，人们将他视为祖国的叛徒。

屋大维的最终胜利

公元前 31 年 9 月，马克·安东尼和克利奥帕特拉战败。他们的最后一次战争是在希腊西部阿卡尼亚的一个小镇，这个小镇位于安布拉基亚湾口，在阿克提乌姆附近。另外，屋大维得到了意大利、高卢、西班牙、伊利里亚、利比亚、撒丁岛和西西里岛人民的支持。马克·安东尼和克利奥帕特拉则将希望放在了大陆东部的国家，如色雷斯、希腊、马其顿、埃及和昔兰尼。因为这些地区拥有更强大的舰队和作战经验丰富的士兵。

后来，阿格里帕指挥恺撒舰队，对马克·安东尼的舰艇发动了进攻，马克·安东尼的舰艇由四到十队水手掌舵。凭借着强大的作战武器，阿格里帕选择从侧翼进攻，趁着敌人从制高点进攻的时机，成功摧毁了他们的船桨。起先，克利奥帕特拉命人将船只停留在海峡内部，而后，这场战斗持续了很久的时间，双方僵持不下，她又下令撤退。借着风势，克利奥帕特拉的小船四散而逃。不久，马克·安东尼也命令败逃的军队前往克利奥帕特拉处。为了减轻船只的重量，士兵们不得不将所有作战工具和外帆扔掉。根据卡西乌斯·狄奥记载，屋大维一方向敌军抛出滚烫的木炭和融化的脂油，"当时，士兵们就如同葬礼上的柴堆一样在船上燃烧"。就这样，

阿克提乌姆海战：掌握政权的关键

卡西乌斯·狄奥和普鲁塔克详细讲述了屋大维与马克·安东尼之间的战争。公元前 31 年 9 月 2 日，两人的权力之争以一场在阿克提乌姆岬角附近的海战结束。

诗人维吉尔在《埃涅阿斯纪》中对这场战争也有描述。他将这场战争描述为罗马之神与埃及之神之间的冲突：“当时，有一百名神兵作战，他们十分渴望战争，并大声召唤着死神阿努比斯向维纳斯、密涅瓦和海王星发起挑战。”

马克·安东尼（下图，他的半身雕像保存在罗马的梵蒂冈博物馆中）和克利奥帕特拉的部队乘着桨帆船出战。这是一种大型舰艇，艇的每边分别有 270 名士兵，船的重量限制了它的移动速度。而阿格里帕一方的舰艇虽然承载的士兵人数很少，但是相对灵活，因此在战斗中占了上风。

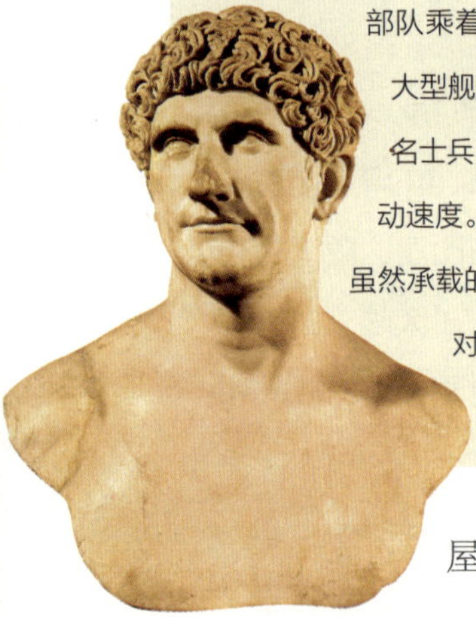

屋大维取得了最后的胜利。

在阿克提乌姆海战取胜之后，屋大维最终成为罗马唯一的执政官。他以高额的回报感谢自己的盟友，并向敌对势力征收重税，没收其财产，或处以死刑。克利奥帕特拉为了镇压人民起义回到了埃及，甚至不惜背叛马克·安东尼。因为她知道，如果失败的是她，马克·安东尼也会毫不犹豫地做出和她同样的选择。随后，克利奥帕特拉向外散播自己自杀的消息，马克·安东尼随即放下武器停止抵抗，并且准备自杀。在弥留之际，他得知自己的女王还活着，竟还

❶ **陆地偷袭** 公元前31年春，马克·安东尼决定沿爱奥尼亚海希腊海岸的安布拉基亚湾前进，以拦截屋大维营地运送粮食的队伍，但被屋大维成功击退。

❷ **首次海上进攻** 9月2日上午，马克·安东尼的舰队从爱奥尼亚海希腊海岸的安布拉基亚湾突围。这场战斗一直持续到中午，屋大维的将军索西乌斯继续挺进，阿格里帕从后面包围了马克·安东尼的舰队。另外，克利奥帕特拉带着他们所有的金银财宝跟在队伍后面。

❸ **克利奥帕特拉逃脱** 在战争开始之前，马克·安东尼的支持者并不同意克利奥帕特拉一同出战。在马克·安东尼战败后，她带着60艘舰艇成功逃脱，但是被屋大维方的40艘小船尾随。

❹ **投降** 在9月2日下午，马克·安东尼的部队被击溃，不能继续抵抗。就这样，阿格里帕在战争中取得胜利，并缴获了对方140艘舰艇。随后，他将舰艇收入自己的队伍中使用。

想要死在她的怀里。仅仅几天后，克利奥帕特拉也结束了自己的生命，因为她获悉屋大维将会在凯旋游行中把她当作自己的战利品向众人展示。之后，恺撒里昂被其同父异母的兄弟暗中杀害，埃及被罗马吞并了。

正如埃及艳后所担心的那样，马克·安东尼和她所生的三个孩子——亚历山大·赫利奥斯、克利奥帕特拉·赛琳娜和托勒密·费拉德普斯，在亲生父母死后被带上镣铐运送到意大利，作为战利品示众以庆祝屋大维的胜利。然而，小屋大维娅后来却收养了他们，将其与马克·安东尼的其他孩子一起抚养。

神化后的奥古斯都

此图为罗马建筑檐壁（拉文纳国家博物馆）的一部分，描绘了小安东尼娅（或利维亚）和奥古斯都。

插图（右侧）　一枚玛瑙图章，上面刻画的是狮身人面的奥古斯都（现收藏于佛罗伦萨国家考古博物馆）

奥古斯都大帝

公元前 27 年 1 月 13 日，屋大维声称要重建罗马共和国。然而，在他建立的政府体系之中，虽然存在代表人民意志的共和国传统机构，但是屋大维的个人权力却凌驾于它们之上。此后，屋大维被称为奥古斯都，世人将其视作至高无上的皇帝，屋大维拥有了当时任何一个人都无可比拟的权力。

征服亚历山大港的消息传到了罗马，所有人都激动不已，为此罗马举行了许多庆祝活动。此后，屋大维成了罗马帝国的唯一主人。人们建造了两个凯旋门：一个在布伦迪西姆，另一个在广场上。不仅如此，人们将敌军舰队的马刺放置在纪念恺撒的圣殿中，并规定了法定节日来纪念这场胜利。自此，人们在各个公共场所都再也见不到马克·安东尼的大名了，并且将他的生日——1 月 14 日称为纳法斯图日。几年前，“重建共和国”的任务是由三头同盟来承担的，现如今落到了屋大维一人的肩膀上。在此之前的一个世纪里，罗马的经济因严重的社会危机和持续的内战停滞不前，现如今，屋大维不得不思考应该如何使罗马快速摆脱危机平稳发展。因此，他决定改革，改革范围涉及立法和行政机关，还有罗马人民的生活习惯。

值得一提的是，屋大维运用了一系列手段掩盖他迫切想要成为国家独裁者和集权者的愿望。为了维持自身的霸主地位，屋大维虽然同意每年对执政官进行选举，但从公元前 31 年至前 23 年，每年获选的都只有他一人。同时，他享有召集元老院成员或否决地方法官的权力，总的来说，他的权力之高无人能及。

公元前 30 年，恺撒赋予屋大维继承人的身份正式生效。由此，屋大维得以摆脱了所有可能威胁其政治势力的人，如马克・安东尼，或共和派的前支持者。并且凭借着罗马最富有的保守派大家族的支持，成为罗马至高无上的独裁者。这些家族势力将自己的后代安插在国家的行政体系之中，并且为罗马的扩张提供源源不断的资金支持。对于反对者来说，他们逃脱的机会很小，任何形式的叛乱都将遭到流放，或者被判处死刑。

事实上，在罗马境内，屋大维实行了彻底的独裁。但是在程序上确实是传统的行政机关代表着人民意志，并且拥有行政权的分配。

穿着托加长袍的奥古斯都

这座大理石雕像现收藏于卢浮宫中，由奥古斯都时期的一名雕塑家创作。与奥古斯都其他雕像不同的是，他在这里并不是一个战士的形象，而是罗马共和国机构的一员。这座雕像使当时的罗马民众对奥古斯都的好感增加了。

屋大维：新一代的罗慕路斯

《功业录》(*Res Gestae*) 是屋大维在公元前 27 年为自己的政治宣传撰写的自述，他在这份自述中说道："我要开始自我批判，从此以后，我要将我手上的军队、法律和一切行省的管辖权都交还到元老院和罗马人民的手上。"就这样，这位年轻的独裁者在民众面前鼓吹民主，以一副清正廉洁、不慕名利的君子形象示人，声称要将民众的公众利益放在个人利益之上。殊不知，这所有的一切都是他政治阴谋的一部分。根据卡西乌斯·狄奥的记载，屋大维一方面多次向民众保证，自己对独裁专政不感兴趣，另一方面，却一步一步朝着自己的独裁者目标迈进。他说："我全力以赴，心系罗马人民，并愿意陪伴他们应对一切危险。我的唯一希望就是愿所有人民安居乐业，我们的国家蒸蒸日上，我所做的一切都绝无半点私心。我愿意以自己的生命起誓，不会在罗马实现自己的独裁专制。"

民众们对屋大维的诺言深信不疑，达到了屋大维预期的反应。有一部分人因为胆小，不敢当众说出自己的怀疑，而另一部分人并没有进一步推测他的企图，不仅对屋大维的话深信不疑，而且对其绝对拥护。最后，所有的民众都强烈要求建立一个以屋大维为中心的君主制政府，并且为其说尽好话，要求他接受民众赋予他的绝对权力。最终，在无数流血牺牲之后，重建真正的罗马共和国的愿望化为了泡影。

屋大维重新确立了自己在国家中的地位，同时更换了自己的称号。自此以后，他自称是新罗马的创始人，并且他原本还想被称为帝国新的罗慕路斯（Romulus of the Empire）——但这样的头衔一旦流传，他专政的企图就太昭然若揭了。为此，马克·安东尼的前支持者穆纳提乌斯对其建议使用"奥古斯都"的称呼，这个称号意味着罗马人祖先的权力，以此来表明他权力的至高无上。

"奥古斯都"这个词源自一个动词"augeo"，本是"增加、扩大"的意思。另外，也与"augurium"这个词有关，本意是指过去一种通过观测飞翔的鸟群而预测神意的宗教活动，如今被解读为屋大维自此之后政治地位的彻底改变。

在与马克·安东尼进行政治和军事对抗的岁月中，屋大维热衷于将自己的雕像放置在与传统希腊神明一样的位置，以在罗马民众面前显示出自己至高无上的地位。为了扩大他的声望，他甚至在钱币符号上刻上了代表自己的符号，这些符号暗示着他是神明的化身，如朱庇特、玛尔斯和维纳斯诸神，甚至是传奇中的特洛伊·艾涅（Troy Aenee）。

奥古斯都宝石（Gemma Augustea）——刻画了朱利安、克劳狄家族后裔的英雄形象

奥古斯都时期，大多数艺术品都是为政治宣传服务的。奥古斯都利用不同形式的塑像向人们传播他的政治理念，以提高他的威望。

奥古斯都宝石是由艺术家迪奥斯古里德在公元 10—20 年创作的，是一块用玛瑙雕刻而成的浮雕，现收藏于维也纳艺术史博物馆。这块宝石在当时是为了服务于奥古斯都的政治宣传。人们认为，位于中央、坐在宝座上的人便是当时的皇帝奥古斯都。① 为奥古斯都，在木星光环之下；② 本是环绕木星的光环，在这里代指的是罗马人民；右边的是罗马掌管海洋与土地的神灵：③ 海洋女神和 ④ 盖亚；在奥古斯都旁边的是 ⑤ 罗马女神，她手持长矛和剑；在左边，是飞翔着的 ⑥ 胜利女神乘着一辆车，车上坐着 ⑦ 提比略；⑧ 是征伐潘诺尼亚胜利后的战利品。

完美的第一公民形象

公元前 27 年之前的屋大维肖像展示了一个年轻、阳光、积极向上又渴望权力的男子形象。而后的奥古斯都则显得每日为民众的利益忧心忡忡，并且展示出对代表公众意志的行政机构的绝对尊重，这使人们忘记了过去内战中野心勃勃的屋大维。逐渐地，在民众内部开始流传出关于奥古斯都的新肖像，在这幅新肖像上，他有着超越时间的美貌，态度和蔼，并且神似阿波罗。人们之所以这样做，是因为同样将奥古斯都看作和平与正义的化身，在他身上有着至高无上的纯洁与善良。殊不知，在这天使般的面孔下，却潜藏着奥古斯都巨大的政治阴谋。在此之前，显示他傲慢的铜像已经遍及大街小巷。为了扭转他在人民心目中的形象，在一次对特尔斐神的祭祀中，奥古斯都命人打造了很多金银三脚鼎，并以此为借口将自己的铜像回收并熔化。不仅如此，他还赋予了马克・安东尼狄奥尼索斯的形象。因为相传狄奥尼索斯曾到东方征服人民，并被和平正义化身的阿波罗击败。因此，马克・安东尼在人们眼里显得越发放荡，并被视为不道德的代表。

此外，屋大维以阿波罗的形象示人也有利于宗教改革，使自己能够成为罗马的精神领袖。为此，为了唤起社会对祭司等神职人员的无限崇敬，屋大维对寺庙进行了翻新，继而对宗教机构进行恢复建设，并且推崇过去的美德，对现存的道德标准进行大肆改革。屋大维投入大量资金，得以在公众面前推行宗教。不仅如此，他自己还成为宗教中的一员，从而被神职人员赋予至高无上的权力。他也由此改革了对牧师和入教的选拔制度，但这种制度并不包括修女。公元前 12 年后，奥古斯都被奉为大祭司，这项新的头衔与他皇帝的身份有绝大部分关系。

此前，因为内战的原因寺庙遭到严重破坏。进行修复后，为了与新时代的辉煌相符，人们对其原本的结构进行了重新设计，采用了新的建筑风格。旧的陶器装饰被大理石雕刻的奢侈品所代替，主题便是歌颂君主制。

而后，奥古斯都凭借着自己大祭司的身份，试图介入罗马市民的生活，改变他们从前的节日。那些曾经用于纪念神灵或历史事件的节日，如今纪念的主题则回归到了市民本身，瓦隆将其描述为“人性化的圣所”。过去朱利安・克劳狄家族的私人纪念活动变成了公共纪念日，全体人民得以参加，使他们感到自己就是皇室家庭中的一分子。奥古斯都下令，在他死后，要在法定假日里增加 30 个新日期，用于

大祭司奥古斯都

奥古斯都在上图中是一个祭司形象，他的头发被遮盖着。在当时，人们将奥古斯都视作罗马第一祭司，也就意味着奥古斯都不仅有着较高的政治地位，还有着至高无上的宗教地位（现收藏于罗马文明博物馆）。

“大元帅”奥古斯都

在下一页的图中是一座建于公元 1 世纪的塑像。这个塑像描绘的是身穿战甲的奥古斯都（现收藏于罗马梵蒂冈博物馆）。

纪念他人生中一些重要的时刻。从此，他不仅使大家了解了与他有关的重要事件，还以一种规定的方式流传下来。此外，这样的活动不仅有利于民众丰富自己集体生活的记忆，还能以屋大维的个人意志塑造罗马的历史，即弱化或删除不利于自己统治的片段，夸大宣传对自己有利的一部分历史。

例如，人们将奥古斯都的生日设为了一个举国欢庆的节日，在此期间，由他自己家族出资，举办一系列供人们消遣的活动。但是，奥古斯都并不会资助每一次与自己有关的节日活动。这笔费用由志愿者提供，他们自愿出资以提高自身的威望。捐助者们慷慨赞助，表明了他们对奥古斯都权力的绝对服从，从而拉近自己与奥古斯都的关系并从中渔利。奥古斯都死后，又由新的执政官负责组织纪念他的节日。

除了他的诞辰外，这些节日还包含了一些他政治地位上升的关键日期，尤其是 5 月 6 日，是他被授予大祭司的时间，又或者是 2 月 5 日，在这一天奥古斯都曾被授予“国父”的称号。

被控制的民众

公元前 27 年 1 月 16 日屋大维成为奥古斯都。与此同时，随着罗马的强势扩张，奥古斯都的权力也日渐增大。在奥古斯都的改革计划中，建设一个宏大的首都和对其余地区的市容建设尤为关键。在奥古斯都刚获得绝对权力时，罗马处于自由发展的状态，并没有城市化建设的概念。这使得城市在无政府的状态下扩张，没有城市规划。在一些较新的街区里，街道过窄，许多较高的房屋都是木质的，成为火灾的易发区。因此，这些地方大多极度危险，并且

容易爆发叛乱。一次，台伯河洪水淹没了这座城市的大部分地区，然而，城市内部的基础设施太差，根本不能满足人们泄洪的需求。因此，城市的基础及安全设施建设的重任就落到了市政官的肩上。

斯特拉波是奥古斯都时期一名重要的地理学家，他在其《地理志》中赞扬了奥古斯都的作为，他说到，奥古斯都“为了解决城市问题，创建了一个由恢复自由的奴隶组成的民兵团体，他们平时负责救火及修复坍塌造成的损坏，并且奥古斯都要求所有新建筑物的高度在70英尺之下，并禁止在公共道路上施工”。

此外，奥古斯都还建立了公共服务系统，并且为划分行省制度奠定了基础。这样一来，民众的生活得到了改善，也加强了奥古斯都对他们的监管。公元前2年，奥古斯都开始实施他的第一步计划：任命一名总督，并向其分配4500名士兵以保护奥古斯都的安全。

不仅如此，在公元前7年，奥古斯都创建了一个消防机构，消防战士全部为被释放的奴隶，他们被分为7队，每队有500人，由奥古斯都本人亲自挑选的行政官管理。该消防队还承担了市政警务的职能。为了维护城市治安，有1500名消防队员被分为四个队列，由市政官统一调度，负责监管城市、市场及司法行政部门。就这样，奥古斯都建立起了一个有23000多人的全方位的城市监管系统。

至高无上的绝对权力

根据斯特拉波的记载，奥古斯都当时掌握着罗马的一切“战争与和平”，管理着罗马人征服的所有领土，并要求被征服的地方向罗马纳税。根据地理学家的说法，当时所有的行省被重新划分为两大类：一类由元老院直接管辖，另一类由执政官管辖。由元老院管辖的省份通常是一些不重要的并且比较安宁的地区——非洲前领地、比蒂克、纳博内塞高卢、西西里岛、马其顿、亚美尼亚和亚洲等，这些地方不需要驻兵。其他一些容易发生战事的边疆地区则归奥古斯都管辖，因此，他命人在这些地方派兵驻守。

每个行省的地方行政官由法官或行省总督担任。在那些受元老院管辖的行省内，行省总督每年一换，并在元老院内抽签选出。至于重要省份，则由皇帝任命有资历的大臣或领事来管理。那些被奥古斯都选拔上的人们在当地任职而不需要每年更

禁卫军团队——奥古斯都对安全的贡献

公元前 27 年，奥古斯都建立了 9 支队伍，每队 500 名士兵，用于保护自己的人身安全和维护公共秩序。奥古斯都称禁卫军为共和国的骑兵队，命令他们陪同执政官作战。之后，禁卫军团也负责在罗马新皇帝上任期间剿灭叛乱和平定内战。

禁卫军成员的任期为 16 年，并被编入皇家军队。在奥古斯都统治时期，只有 3 队禁卫军在罗马驻扎，其他 6 队驻扎在意大利其他不同的城市。他们负责陪同执政官作战，并对地方起监管作用，以消除任何地方叛乱的威胁。在提比略统治时期，禁卫军一共分为 9 队，他们分别驻扎在罗马附近。每队各由 1 名总长官和 6 名百夫长管理。

插图 反映当时的第四禁卫军士兵形象的碑石，出土于斯科皮托。

奥古斯都故居

上图绘制的是公元前36年，奥古斯都还没成为罗马皇帝时的住所。整个屋体共有4个房间，图中只是其中1间，如上图所见，整个屋子被鲜艳的颜色所装扮。这间屋子位于帕拉蒂尼山。为了神化自己的身份，奥古斯都创造了一个关于帕拉蒂尼山的传说。此后，人们都坚信罗马帝国的根基就在帕拉蒂尼山。

换，任职期间配有5名侍从官为其服务。然而，埃及是个例外。奥古斯都任命了自己的骑兵首领作为当地的行省总督，以防止元老院中的人在此地的权力扩大。但是，还是有人没有逃过这种权力的诱惑。例如，奥古斯都的朋友盖尤斯·科尼利厄斯·加卢斯（Caius Cornelius Gallus），在被派遣到亚历山大后，被权柄所累而自杀。

但是，无论是受奥古斯都管辖的还是受元老院管辖的地区，这些地方的行省总督仍需服从奥古斯都的最高命令。奥古斯都作为国家的第一执政官，拥有监管所有行省行政体系的权力。

奥古斯都的和平祭坛

公元前 9 年 1 月 30 日，奥古斯都为自己建造了一个祭坛。在祭坛建成的时候，他又命人打造了一个石柱，以达到为自己宣传的目的。祭坛被人们称为和平祭坛，位于战神广场附近的大街上。这座祭坛的建成日恰好是利维亚的生日，人们在每年的这一天都会举办庆祝仪式。仪式当天，所有的修女、大祭司和占卜师都会到场。在仪式开始的时候，大祭司会站在奥古斯都的身后，他们一同焚香，然后献上屠宰好的祭品，唱出颂词："神啊，我们是您最虔诚的信徒，您一定能听到我们的祈祷！我们无时无刻不在珍惜您给予我们的和平，请将这份和平继续保持下去吧！"不仅在 1 月 30 日，每年 3 月 30 日人们还会在和平祭坛朝拜国家的保护神。

特殊的位置

和平祭坛后来是在罗马的佩雷蒂宫发现的。1937 年墨索里尼决定将它公之于世。因此，人们不得不冻结地面，并用水泥填平祭坛空着的部分，随后，这个祭坛被转移到了奥古斯都陵内，现存放在建筑师理查德·迈耶（Richard Meier）设计的建筑中。

1 **奥古斯都**　奥古斯都站在队列的前端，但是仍在群众之中，被各位地方总督围绕着。

2 **阿格里帕**　奥古斯都的左膀右臂之一，阿格里帕穿着祭司赐予的圣袍。

3 **盖尤斯•恺撒**　他是尤利娅与阿格里帕的儿子，也是奥古斯都的孙子，他被指定为皇帝的继承人，卒于公元4年。

4 **尤利娅**　作为奥古斯都的长女，她曾被任命为国家的第一继承人，然而遭到了奥古斯都第二任妻子利维亚的反对。

5 **提比略**　利维亚与第一任丈夫的儿子，在尤利娅的儿子死后，提比略被奥古斯都收养并被任命为国家的继承人。

6 **小安东尼娅**　她是马克·安东尼与小屋大维娅的女儿，德鲁索斯的妻子，也是日耳曼尼库斯和克劳狄的母亲。

⑦**日耳曼尼库斯**　提比略的侄子，他娶了大阿格里皮娜为妻，曾经被选为国家的继承人，然而在继承王位前去世。

⑧**德鲁索斯**　利维亚的儿子，提比略的弟弟，在军队中担任要职，公元9年逝世。

⑨**大安东尼娅**　卢修斯·多米提乌斯的妻子，也是尼禄的祖母。

⑩**多米提娅**　大安东尼娅与卢修斯·多米提乌斯的女儿，也是皇后梅萨利纳的母亲。

遏制道德堕落

掌握了如此高的权力后，奥古斯都开始主持议会和立法，并且不受元老院否决权的限制。因此，他开始整治贵族风气和社会道德风化。

在奥古斯都登基时，罗马的社会风气极其败坏。罗马向东方的扩张伴随着一段时期的经济增长，但它也使整个社会蔓延着轻浮的风气，人们相互之间的矛盾越来越多。尤其是王室成员内部道德败坏尤为严重，对已婚妇女的传统约束已经过时。现如今，女性们拒绝生育后代，生活极度奢淫，整个家族的权威也不再被人们信服。萨卢斯特（Salluste）曾对这种现象评价道："是人们的贪婪吞噬了忠诚、正直和其他美好的品德，取而代之的是傲慢、凶残、对宗教的漠视和对金钱的贪念。"

奥古斯都作为皇帝，拥有制定道德标准的权力。为了改变这种情况，他出台了新的道德标准，并且在王室内部开始实行。他发起了一次涉及家庭关系方面的改革，通过这样的举措鼓励结婚和生育，并且严厉惩处了独身、通奸和一切不道德的行为。他还在公元前 18 年、前 17 年和前 9 年相继出台法律，旨在保护罗马贵族血统的高贵和纯正。在这些法律中，他禁止元老院成员及其后代与被释放的奴隶，或者与喜剧演员家庭的成员结婚。同样，这些法律也惩处了通奸、乱伦、强奸和卖淫。一旦发现，情夫或被没收其全部财产后流放荒岛，或被直接处死。

这项改革同样禁止了男性同性恋和卖淫的行为。同时，它对有三个以上子女的家庭进行奖励，并规定独身主义者或丧偶不再婚的人将受到惩罚，这些人不再享有继承财产的权利，他们的财产将被充公。

鲜血带来的安宁

此外，作为皇帝，奥古斯都还要承担维护和平、促进国家繁荣的任务。因此，他必须平定管辖范围内的一切叛乱。公元前 26 年，罗马雅努斯神庙的大门再次打开，这象征着皇帝即将出征作战。奥古斯都和马库斯·泰伦蒂乌斯·瓦隆（Marcus Terentius Varron）一起在西班牙并肩作战。值得一提的是，马库斯·泰伦蒂乌斯·瓦隆不仅在镇压撒拉西斯暴动中功勋卓著，还为后人留下了不少文学作品。

奥古斯都在 16 岁的继子提比略和 15 岁的侄子马库斯·克劳狄乌斯·马塞勒斯的陪伴下征服了敌人最后的城堡。他们在西班牙停留了两年，并在此修路，人们可

奥古斯都和要地西班牙——半岛上的行省

公元前 16 年，奥古斯都第三次前往西班牙，并在当地建立了一个行政机构以加强罗马对该地的监管。为了使新殖民地的人们更加认同罗马的统治，奥古斯都向各地派遣了参加过坎塔布连战争的退伍军人。

自公元前 197 年以来，西班牙地区被分为近西班牙和远西班牙地区。奥古斯都统治时期，人们将其重新分为三部分，一部分由元老院管辖，另外两部分由奥古斯都管辖。元老院下令吞并自己管辖地区的附近领域，并在当地开采矿业以向政府缴纳供奉。奥古斯都则在自己管辖区域重修了艾古雷大街，以连接比利牛斯山脉与加的斯港，还命人修建了 2000 多千米的道路，以连通半岛的内部、北部和西部。

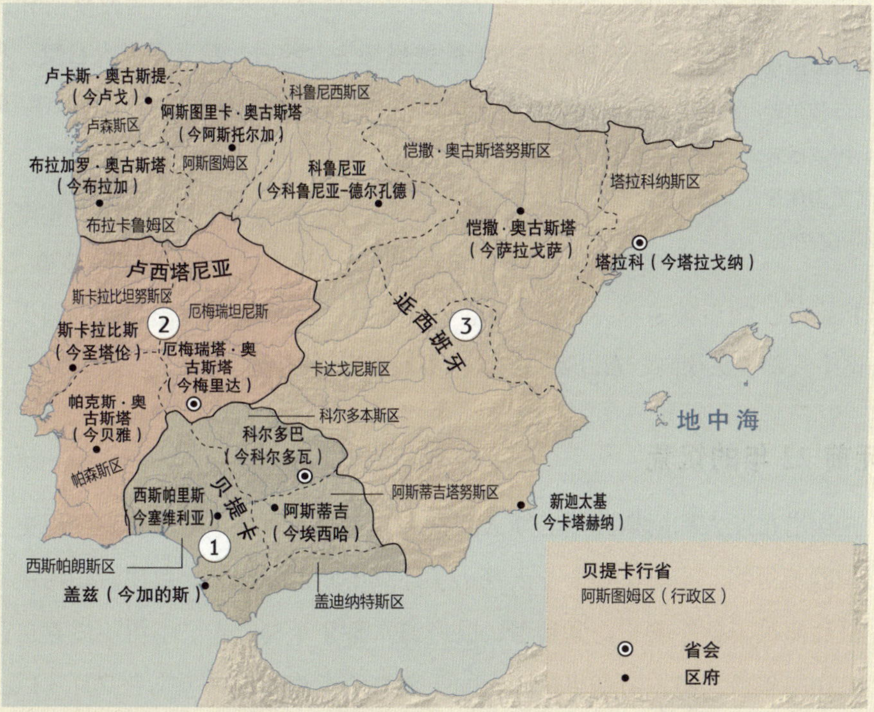

①**贝提卡行省** 罗马在西班牙地区的殖民地之一，当地民众对于罗马的认同感极高。

②**卢西塔尼亚行省** 西班牙的殖民地，当地由第五骑兵队的老兵驻守，也是监管其他行省的要地。

③**近西班牙行省** 塔拉科是当地的首府，奥古斯都派遣了第六骑兵队在那里驻守。

许愿盾牌

公元前27年，元老院命人打造了这块盾牌，并作为荣誉的象征将其送给了奥古斯都。因为这块盾牌是奥古斯都在访问阿尔勒时被授予的，所以后来人们就将这块盾牌保存在了法国阿尔勒博物馆。

以通过这条路进入该省内陆地区和开采加利西亚的金矿。然而，这些措施的效果却并不理想，非但如此，他还患上了严重的绞痛和高烧，这迫使其大部分时间都必须休息，在医生穆萨的建议下，奥古斯都不得不通过冷水疗法来缓解症状。后来，他决定离开这个是非之地。

尽管罗马城内已经开始庆贺奥古斯都在西班牙的胜利，但是西恩人的冲突仍没有结束。奥古斯都前脚刚离开，当地就又开始了新一波反对当政者卢修斯·艾利乌斯·拉米亚的起义，这场起义遭到了残酷镇压：当地的原始村庄被毁，抓获的囚犯被砍掉手臂，绝大部分平民沦为奴隶。公元前22年，当地人再一次起义反对普博利乌斯·卡利修斯和盖乌斯·富尔尼乌斯的残暴统治。随后，起义者点火自焚，和自己的房屋一起燃烧在大火中，他们宁愿以这样的方式结束生命也不愿意向罗马政权低头。

在《编年史》中，塔西佗记载道：在敌对的蒂尔梅斯（索里亚）里，有一名农民杀死了该省的长官卢修斯·皮森（Lucius Pison），随后被逮捕并处以酷刑。在监狱中，人们逼他说出自己的同谋。然而，这个人却一头撞向岩石以死明志，也不愿意出卖自己的同党。

公元前22年的饥荒

在坎塔布连人和阿斯图里亚斯人反抗地方当局的时候，罗马暴发了历史上极为可怕的流行病。当时，整个冬天经历了连续不断的暴风雨，致使台伯河洪水泛滥，最后淹没了整个城市。紧接着，鼠疫遍布整个半岛，农民不得不放弃自己的田地。在一年前，奥古斯都将执政官的头衔交给了卢修斯·塞斯蒂乌斯（Lucius Sestius），因此人们都认为这件事让上帝发怒了，降罪于罗马。为了平息众神的怒火，人们在元老集会的场所强烈推举皇帝为独裁官和“于烈火中受难的粮食神安诺娜[3]（curator annonae）”。皇帝考虑到独裁者的头衔会引起人们更大的仇恨，因此

[3] 古罗马将“curator annonae”（罗马一年的粮食供给）人格化为一位女神安诺娜。——译者注

他拒绝接受这个头衔。与此同时，他以特派员的身份参与重建麦田的活动。根据普布利乌斯·克洛狄乌斯·普尔喀（Publius Clodius Pulcher）祭坛上制定的一项措施，他必须向民众分发大量的种子。

奥古斯都在他的自传中提到，在灾难面前，市民们小麦的供应理应由他负责。除此之外，他还应当支付分发小麦的一切费用。为了能够支付这些费用，他取消了公共宴会，并将角斗士比赛减少到每年两次，规定最多只能有 120 名参赛者："在小麦严重短缺的情况下，我并没有逃避我的责任，并且由于我的管理、我的补贴和我要改善大众生活的决心，在短短几天之内，我让整个城市摆脱危险。"曾经，地方的行政长官由元老院成员任命产生，此事之后，为了防止再次发生这种危机，屋大维决定亲自从骑士团中选出地方行政长官。

塔拉科的古城墙

那时，奥古斯都在当地停留了两年，以镇压起义。随后，奥古斯都决定将塔拉科设为近西班牙行省首府。近西班牙行省是当时西班牙地区最大的省份。

奥古斯都与野蛮人：帝国边界的冲突

德鲁索斯命丧于此，并在临死前说："日耳曼地区将不值得再被宽恕，这些野蛮人迟早有一天会为自己的罪行付出代价！"提比略在兄弟德鲁索斯死后继续征战日耳曼地区，他于公元前 8 年到达易北河地区，一年后，提比略率兵撤退到莱茵河地区。公元 5 年，他带兵重返易北河，并在当地明确了罗马国界，成功与野蛮人划分界限。

日耳曼民族对罗马的示弱，使人们大感快慰，便将类似的情景刻在了银制的杯子上作为装饰，随后，这个杯子在庞贝地区被发现，并被人们称为奥古斯都杯。在这个杯子上，皇帝被雕刻成浅浮雕，周围被士兵包围。在奥古斯都对面，日耳曼国王将他的一个儿子交给了奥古斯都，这也代表着日耳曼的投降和臣服。在杯子的另一侧，奥古斯都坐在宝座上，一只手里握着地球仪，象征着他统治全世界，另一只手接过女神维纳斯的胜利雕像。罗马人和被征服的省份以人像的形式出现在最后(现收藏于巴黎卢浮宫博物馆)。

边界起义

在这场饥荒之前，奥古斯都皇室内部一直存在矛盾。有人认为，皇后利维亚为了保证奥古斯都能顺利将皇位传给自己的儿子，从而下毒杀害了马库斯·克劳狄乌斯·马塞勒斯(Marcus Claudius Marcellus)，但是没有人敢站出来指控她。对此，维吉尔在《埃涅阿斯纪》中写道："就这样，小屋大维娅在儿子死后不久也去世了。她在给儿子的信中写道：'亲爱的孩子，你是可怜的受害者啊！如果你当初可以战胜这残酷的命运，你就会成为伟大的马塞勒斯！但是现如今，我只能用这些象征皇室的百合花祭奠你，让它为你驱逐黑暗啊！'"

奥古斯都唯一的女儿尤利娅(Julie)在 15 岁时嫁给了马塞勒斯(Marcellus)。在守寡两年后，她与阿格里帕(Agrippa)相恋，因此，阿格里帕抛弃了第一任妻子马塞拉(Marcella)，并与尤利娅再婚。他们的婚礼规格以皇帝的亲友级别举办。这样一来，也使得在皇帝出访外省时，这对新人可以以合法名义代管政府。并且这也使朱利安后裔得以延续。公元前 20 年，

也就是尤利娅再婚的一年后，生下了长子盖尤斯。

有了政治代管人，奥古斯都长途跋涉前往叙利亚，在那里他加强了对东部省份政权的控制。随后他又返回罗马，并且将阿格里帕派到了高卢，因为高卢的边界一直受到日耳曼人的入侵威胁。解决了高卢问题后，阿格里帕前往西班牙，因为当时被俘虏并沦为奴隶的坎塔布连人再次起义，杀死了当地的长官并返回了他们的村庄。但是这次，阿格里帕不仅要处理城内的叛乱分子，还要解决军队内部战士们连续征战多年的不满情绪。战士们拒绝前往新的扩张地驻扎。受此影响，尽管此役大获全胜，但是阿格里帕却没有在罗马大肆庆祝自己的胜利。因

四方神庙

公元前16年，阿格里帕命人在尼姆建造了这座神庙。这是一座典型的罗马神庙：在两侧有支撑屋顶的柱子，独立入口，并且朝向外部的广场。阿格里帕将它送给了自己的两个孩子卢修斯与盖尤斯，这二人随后被奥古斯都收养。

万神殿

阿格里帕建造的古典时代的主要建筑之一。它有着古代世界最大的圆顶建筑，重新修建于哈德良统治时期，高43.2米（第60页—第61页）。

此，这些新的殖民城市选出了新领土控制轴的骨干——梅里达（Emerita Augusta）和萨拉戈萨（Cæsaraugusta）。

尽管如此，西班牙驻兵的震慑并没有带来持续的和平，异族军队仍然不断侵扰边界，因此罗马与他们冲突不断。奥古斯都不得不第三次与利维亚的儿子提比略（Tiberius）一同出征西班牙，因此，两人之间的关系日益紧密。同年，一部分日耳曼人越过莱茵河入侵高卢；另一部分日耳曼人部落也趁机侵扰达尔马提亚、潘诺尼亚和色雷斯（Thrace）。

于是，奥古斯都亲自前往动荡的日耳曼地区，直到与入侵者达成休战协议并重新建立新秩序后，他才离开。他将忠实的提比略和德鲁索斯派到了高山前线，贺拉斯在对他的颂歌中写道："德鲁索斯带领着骑士军团征战，他们一鼓作气，先是击退了一波又一波敌军，随后又击溃了外族在阿尔卑斯山顶的堡垒，要知道这对处于劣势仰攻的他们来说本是不可能完成的任务啊！在当时，人们都说提比略一行是被神给予了幸运的祝福，紧接着，他们便打败了最后一波敌军，提比略一战成名，成为罗马人眼中的大英雄。"

公元前 12 年，也就是在这场战争之后，阿格里帕前往潘诺尼亚征战。德鲁索斯的作战范围开始越过莱茵河，扩大至德国境内。在那时，奥古斯都希望向北部扩张。然而，他这场军事设想却葬送了利维亚小儿子的生命。当时德鲁索斯本想跨越易北河，然后入侵河对岸的地区，却不慎在作战时从马上摔下来。提比略得知这一消息后急忙赶去支援自己的弟弟。然而为时已晚，他只能将弟弟的遗体带回罗马。人们得知这个消息后纷纷为其哀悼。并且他们每到一处，当地就会排起长队等候他们。在这些队伍中，有各个城镇的百夫长、军队的行政长官和贵族。德鲁索斯的遗体陈列在罗马的广场上，奥古斯都和提比略都为其祷告。火化之后，他的骨灰被放进了陵墓，安置在朱利安家族的墓群之中。这里也同样存放着马塞勒斯和阿格里帕的骨灰。

阿格里帕之死

阿格里帕是奥古斯都最忠实的朋友，不仅如此，也是他最默契的战友。两个人几乎无话不谈，奥古斯都向其讲述自己的童年及青少年时期的过往。同时，他是奥

奥古斯都的继任者：皇室的传奇命运

奥古斯都出自屋大维家族，随后被恺撒收养，于是也成为朱利安家族的一员。

尽管奥古斯都极力提携朱利安家族的后裔作为罗马的继承人：首先是他的女婿马塞勒斯，然后是他的两个孙子盖尤斯与卢修斯，然而都被利维亚（右图是利维亚与她的儿子，现如今收藏于美国波士顿美术博物馆）阻止，后来利维亚任命克劳狄家族的后裔提比略为下一任皇帝。

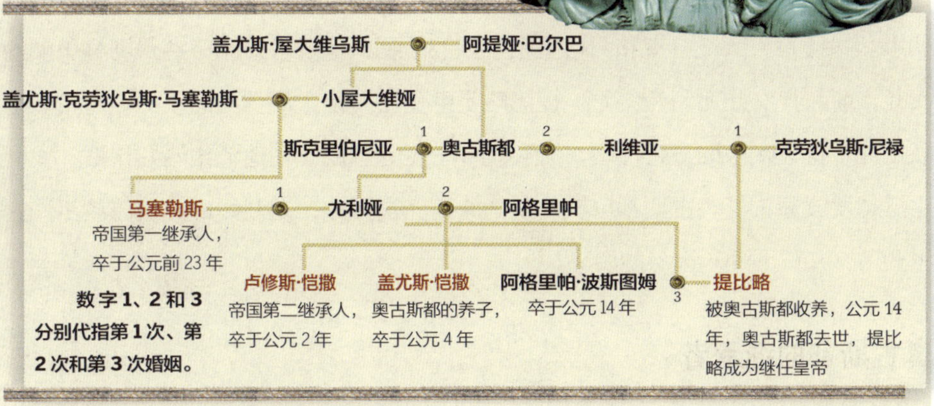

古斯都作战取得人生第一场胜利的见证者，他在皇帝心中的地位无人能及，并且多次受邀参加皇室内部的私人聚会。然而，在公元前 12 年，阿格里帕去世。他留下了五个孩子：长子盖尤斯、卢修斯和阿格里帕·波斯图姆（Agrippa Posthume，即阿格里帕的遗腹子之意，因为阿格里帕的第三个儿子是在他死后出生的），以及两个女儿，阿格里皮娜和维普萨尼亚·朱莉娅。他年轻的妻子尤利娅（Julie the Elder）之前有过一次婚姻，阿格里帕死后，她再一次成了寡妇。

阿格里帕在去世之前已经做好了重新征服北部要塞潘诺尼亚（Pannonia）的准备，并且被赋予了很高的权力，可谓是一人之下万人之上。

然而，当阿格里帕结束冬季战争从坎帕尼亚（Campania）返回时，他却病倒了。

自此，他一病不起，当奥古斯都赶到他床边时，阿格里帕已经没了呼吸。皇帝将他的遗体带回罗马，安放到广场上，向大家宣告要为他举办葬礼，并建立纪念日。然而，并没有贵族想要负责此事。阿格里帕的陵墓本来是修建在战神广场上的，后来考虑到他对罗马的贡献及与奥古斯都的关系，人们便将他的骨灰放到了皇室陵园中。在阿格里帕生前，每次得胜归来后都拒绝举办大型庆贺活动，后来奥古斯都又再次把他生前的荣耀都还给了他。例如，他在阿克提乌姆击败了马克・安东尼，成功收服坎塔布连人，征服克里米亚和北多瑙河领域等。此外，他还自费重修了罗马建筑，与其说是为了光耀自己的家族，不如说是为了提高朱利安家族的声誉。在他的资助下，万神殿、海王星门廊、赛普塔尤利亚门廊都得以更好地保存下来。

在阿格里帕死后，奥古斯都的继子提比略（Tiberius）成为他治理国家的得力助手。并且为了保证皇室和阿格里帕家族的子嗣，他要求提比略离开阿格里帕的大女儿，而与其女儿尤利娅结婚。提比略是继奥古斯都之后罗马的下一任皇帝，这场联姻对于这个未来的皇帝而言，无疑是他一生的悲剧。在他们结婚几年后，尤利娅生活越发放荡，与奥古斯都家族的道德原则完全相悖，尤利娅由此被流放至潘达德里亚岛，并被下令永远不能回来。

奥古斯都的继承者

奥古斯都并没有从名义上建立一个世袭的王国，换句话说，他没有建立与之相匹配的世袭法律。据塔西佗描述："他建立了一个以执政官为首的罗马共和国。"这也就意味着国家政权由一个复杂多元的权力系统组成。起码在表面上，权力机构是遵循共和原则的。因此，国家最高权力的继承是由这些共和制机构决定的。自共和国时期起，罗马就有从元老院贵族后代中选人继承最高权力的传统，这是为了保证少数显赫贵族对法官、执政官的监管和制约。

对于奥古斯都来说，其挑选继承人最大的问题是，他自己并没有男性子嗣。他只与第一任妻子斯克里伯尼亚有过一个女儿，利维亚并没有为他生育男性后代。因而她与提比略・克劳狄乌斯・尼禄所生的两个儿子，即奥古斯都的两个继子提比略（Tiberius）和德鲁索斯（Drusus）顺理成章地成了奥古斯都继承人的候选人。出

于自己对朱利安家族的使命感，奥古斯都对提比略极为反感。因此，他决定不惜一切代价阻止继子继承自己的王位。一番考虑之后，他决定收养孩子。

他决定收养姐姐小屋大维娅的儿子马塞勒斯。一方面，他是朱利安家族和克劳狄家族共同的血脉；另一方面，他是奥古斯都的女婿。然而，马塞勒斯的死打乱了奥古斯都的计划。他的女儿尤利娅还没等与丈夫马塞勒斯拥有子嗣就成了寡妇。后来，奥古斯都又将女儿许给了忠实的部下阿格里帕将军（不久后，这对夫妇的两个儿子盖尤斯和卢修斯就出生了，奥古斯都收养了他们，并将他们放在皇室中抚养长大，并赋予了他们恺撒的名字。为了以防万一，他还将阿格里帕安插进了统治高层，以确保即使他在两个男孩成年之前死去，也不会被别人抢走王位的继承权）。

阿格里帕和尤利娅

在奥古斯都祭坛的另一侧，刻着尤利娅与丈夫阿格里帕的肖像。两人跟随在奥古斯都的队伍中，旁边有他们的儿子盖尤斯与卢修斯。他们的儿子随后被奥古斯都收养。尤利娅在阿格里帕之前有过一段婚姻，她的前夫名叫马塞勒斯，但是不幸去世，尤利娅成为寡妇。当时，阿格里帕与第二任妻子马塞拉离婚后，梅塞纳斯向奥古斯都建议促成尤利娅和阿格里帕的婚事，于是二人成婚。

在这种情况下，提比略自然而然对这两位“年轻的小王子”心生怨恨。然而，这两位年轻的王子由于自己继承人的身份过早地备受瞩目，因此他们很快沉溺于人们的阿谀奉承之中不能自拔。这也让奥古斯都不太满意。在阿格里帕死后，提比略作为他的大女婿成为他继子们的监护人，并亲眼见证了他们作为继承人地位的上升。在他们继承者的头衔面前，提比略曾经的功勋都显得微不足道，沦为候补。利维亚将奥古斯都对两个孙子的疼爱与对提比略的冷漠看在眼里，并心生不满。随后，她说服自己的儿子离开罗马，在罗得岛生活。

然而，令奥古斯都与提比略都没想到的是，继承者盖尤斯和卢修斯相继夭折。这不得不让人怀疑是利维亚的阴谋。公元 4 年，盖尤斯前往叙利亚旅行时，遭受了一次袭击，他在这次袭击中受到了极其不人道的侮辱。这次经历使他性格大变。尽管奥古斯都一再要求他返回罗马，他仍坚持独自在外省生活。后来，当他决定返回意大利时，身体极度虚弱，不久便死于里西亚海岸的一艘商船上。在盖尤斯去世的两年前，卢修斯随军队前往西班牙途中，在马赛染上了一种疾病，很快就病逝了。在两位继承人死后，利维亚被指控参与了对两位王位继承人的谋杀。她在被指控之前就早有所料，已经派人给儿子提比略传信让其返回罗马。

一些罗马殖民地下令哀悼，以表示对两位已故王子的尊重和对皇帝的忠诚。例如，在比萨（Pisa）统治者下令，“鉴于这一悲剧，是如此令人悲哀和始料未及，城内的所有人都必须更换服装，关闭寺庙、公共浴池和酒馆，殖民地内的女性必须在公开场合为此哭泣”。这项命令将从盖尤斯去世那天一直持续到其尸体在罗马安置好后才能废止。

骑士的鹰徽

公元前 104 年，人们抛弃公牛、骏马、野猪的形象，改用雄鹰作为骑士的象征。自此以后，人们便在铜制的勋章上镀金或镀银，并在上面刻上雄鹰的形象，将这些存放在军队的神庙内。对于骑士们而言，得到一枚鹰章也就象征着得到了部队的最高荣誉。

克劳狄家族的胜利

这样一来，奥古斯都不得不再重新任命一名军事指挥官。在利维亚的一再推荐之下，他同意将提比略收作养子，并在十年后授予他至高无上的权力。即使提比略继承王位，朱利安家族仍然掌握权力，然而奥古斯都仍然希望朱利安血统的后代继承王位。后来，纵使阿格里帕和尤利娅的小儿子阿格里帕・波斯图姆（Agrippa Posthume）以"情绪暴躁"或"没有道德"著称，他仍将其任命为王位继承人。然而，与之相对比的是提比略派一向以美德所著称，尤其是提比略的侄子，也就是他哥哥德鲁索斯的儿子尼禄・克劳狄乌斯・德鲁索斯（即日耳曼尼库斯），他出身于克劳狄家族，是未来罗马皇帝克劳狄的兄弟。为了使自己心目中的人选掌权，也为了应付当初对利维亚的承诺，奥古斯都将波斯图姆收养后，先使其权力在提比略之下，并要求自己的继子提比略在同一个收养仪式上收养了属于己方的日耳曼尼库斯。

据记载，当时，日耳曼尼库斯具备了各种优势条件：英俊、勇敢、聪明、擅长雄辩术、慷慨大方，并且心系子民。由此，他获得了军队与子民的爱戴。这使提比略对他的不满与日俱增，并将其视为头号敌人。然而，奥古斯都对日耳曼尼库斯的关爱只增不减，并将自己的孙女也就是盖尤斯与卢修斯的妹妹许配给了他。据说，当奥古斯都决定正式宣布任命日耳曼尼库斯为罗马继任者时，利维亚前去大哭，最后阻止了这次任命。即便如此，宣布日耳曼尼库斯成为罗马的继承人也是迟早的事。公元 7 年，由于担心自己的儿子提比略自此与王位无缘，利维亚恳求将阿格里帕・波斯图姆流放到帕拉纳西亚岛。

这场争夺权力的斗争，不仅涉及王室内部的两大家族，还涉及罗马社会的一些显赫人物，他们属于奥古斯都女儿尤利娅一派，在斗争中他们趁机煽动其发起政变。其中马克・安东尼的儿子朱利厄斯・安东尼奥（Julius Antonius）也参与其中，在此之前他娶了奥古斯都的侄女马塞拉，由此得以参与到这场皇室争斗中。在与安东尼奥结婚之前，马塞拉刚刚与阿格里帕的儿子离婚。不仅如此，他还与尤利娅有私情，并且凭借着这段关系企图成为奥古斯都的王位继承人。起先，奥古斯都很赏识安东尼奥的才能，并将其任命为地方的行政总督。但后来发现他动机不纯，遂以不忠的罪名指控了安东尼奥，并将其处死。

提比略被朱利安家族收养的那一年，被派往日耳曼尼亚，接替他死去的兄弟德鲁索斯继续在莱茵河地区平叛。在那里，他指挥三个军团英勇作战，并凭借着另外两个军团的有力支援迅速成功控制了莱茵河和易北河区域的北部和中部。在这之后，提比略又奉命向南部扩展，继续攻克马可曼人占领的地区。但是，当时伊利里亚突然爆发叛乱，迫使他推迟了向南扩展的计划。

提比略在伊利里亚地区用了三年时间镇压叛乱，公元9年，这正是奥古斯都统治最黑暗的时期，提比略返回罗马。当他刚刚从达尔马提亚战争凯旋，马可曼人就将一份特殊的“礼物”送到了皇宫——奥古斯都的亲戚，德国执政官帕克利乌斯·昆西提乌斯·瓦鲁斯被焚烧后的头颅。这也就意味着罗马军队在条顿堡森林（今奥斯纳布吕克地区）的作战失败了。这次战役使奥古斯都失去了三个骑士军团和三个机动部队。在这场惨烈的战争中，部队首领相继自杀。

日耳曼部落之所以奋起反抗，是因为不能忍受罗马每年征收的沉重赋税。叛乱的领导人先是设法将瓦鲁斯和他的三个军团吸引到他们自认为安全的区域，接着在森林中伏击他们。在袭击当天，狂风呼啸、大雨倾盆，这无疑为熟悉地形的起义者增加了优势。幸存的罗马士兵被敌人俘虏，而瓦鲁斯和其他长官不想向敌人屈服，自杀身亡。就这样，起义者砍下这些长官的头颅，将其收为战利品。但是他们又害怕招来罗马民众的愤怒，于是派人将其送到皇帝手中。奥古斯都得知战败的消息后，十分担心野蛮的日耳曼人会攻克意大利防线进而入侵高卢地区。于是，他重组了一支精良部队，这支部队由角斗士、奴隶、骑士和经验丰富的老兵组成，并任命提比略与日耳曼尼库斯作为长官征伐起义者。这场战争同样旷日持久、十分惨烈，在作战中罗马又痛失了所有骑兵部队，当余部战胜归来时，奥古斯都已经在罗马断气了。

奥古斯都之死

奥古斯都的晚年并不如刚登基时顺心，他看着一个个曾经寄予希望的继承人相继死去，家族共同血脉的人企图谋反，并饱受边境作战的困扰。当他虚弱到不能再在元老院内高声说话时，他便选择从政治舞台上退场。公元14年8月19日，75岁的奥古斯都在坎帕尼亚的诺莱（Nole）镇去世。那时离他担任罗马执政官44周年

利维亚，罗马的第一位皇后

公元前39年，19岁的利维亚·德鲁西拉（Livia Drusilla）嫁入了朱利安（Julian）家族，当时，她已经有一个儿子提比略，并且还怀着她的第二个儿子德鲁索斯。尽管利维亚在罗马有着很高的社会地位，但是她一向节俭，如在洗漱、饮食方面，并且全身心地投入家族事务中。奥维德甚至称她为“我们贞洁的罗马妻子的代表”。利维亚嫁给屋大维后，成为他在政治上重要的左膀右臂，并被丈夫授予了诸多罗马妇女尚未享有的特权，如管理家庭遗产的权利与至高无上的豁免权。然而其他历史家如塔西佗或卡西乌斯·狄奥则认为利维亚野心极大，并组织了一次次政治阴谋使王位落入克劳狄家族后裔的手中。右侧这尊利维亚大理石的半身像现保存于卡比托利欧博物馆（罗马）中。

利维亚：再世谷神克瑞斯

在利维亚的所有肖像中，她都头戴穗状花冠环绕，这象征着谷物的丰收，也是暗示自己就是再世谷神克瑞斯（农作物和肥沃土地的保护者）。下图这幅镶嵌画完成于3世纪（现收藏于突尼斯的巴尔杜博物馆）。

奥古斯都陵墓：伊特鲁里亚的传统圆形墓

奥古斯都陵墓无疑是战神广场北部最著名的古迹之一，斯特拉波将其描述为“一个巨大的墓穴，放置在由白色大理石制成的高高基座上，位于河边，被常绿的树木完全覆盖”。

该陵墓有着传统的伊特鲁里亚丧葬风格，装饰着奥古斯都的青铜雕像，在陵墓中，不仅安置了奥古斯都的遗体，还安置了他的亲戚和密友的遗体。首先是公元前 23 年的马塞勒斯（Marcellus），然后是阿格里帕（Agrippa）、大德鲁索斯（Drusus）、卢修斯（Lucius）和盖尤斯（Caius）、小德鲁索斯（Drusus）、利维亚（Livia）、提比略（Tiberius），还有克劳狄（Claude）和韦帕芗（Vespasian）。陵墓装饰表现了奥古斯都对罗马的忠诚，也展示了他的善良与至高无上的权力。陵墓入口处的两侧有两个方尖碑（现在位于基里纳尔广场和埃斯基林广场）和两个壁柱，上面刻有 *Res gestae* 字样的铜牌，在这上面记述了奥古斯都的一生。这些文字也存放于安卡拉与罗马的奥古斯都的神庙内，后世人们常常誊写下来加以研究。

刚刚过去 13 天，用他自己的话说，他一生的时间都在与命运做斗争。

在奥古斯都死后，皇后利维亚等着提比略返回诺莱宣布皇帝去世。他的遗体和随葬品一起由各省的贵族交替运送。在到达首都之前，骑兵在夜里先将他的遗体送至了帕拉蒂尼。第二天，元老院宣读了奥古斯都生前对自己的葬礼做出的安排，并且将他的自述刻在了两根青铜柱上，摆放在朱利安家族陵墓的入口处。他的战利品被一同放入镶金的大理石石棺中，摆放在战神广场上。在石棺中，存放的并不是他的真身，而是穿着凯旋铠甲的蜡像。在他的葬礼上，一些演员扮演着祖先的角色为其加冕。德鲁索斯和提比略的儿子在神庙为其献上了颂歌。利维亚重金收买了努米

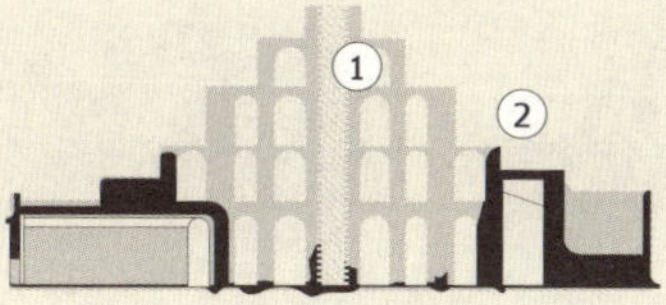

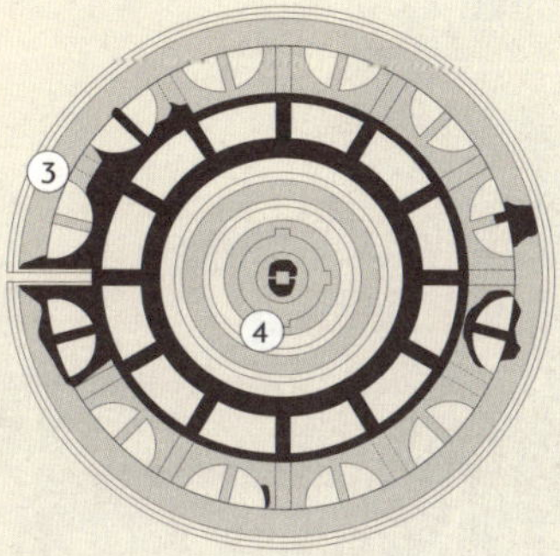

①**棺椁** 位于一个中央圆柱里侧，长方形房间的中央。

②**内部** 整体内部被石灰制成的墙体包围，墙体形状为同心圆，并在内部设有洗漱间。

③**庞大的底座建筑** 直径为87米，由大理石制成。

④**墓室** 在陵墓的中央，分为三个小房间，它们之间是相通的，里面存放着骨灰瓮。

里乌斯（Iuator Numerius），当他的遗物在人们的注目下被焚烧时，努米里乌斯称他看到皇帝的灵魂在空中升了起来。

根据卡西乌斯·狄奥记载，当时人们并没有向后人公开奥古斯都统治时期的真实历史。在随后几年罗马皇帝们实行专制统治时期，人们越发吹捧当年奥古斯都的统治无比清明，政治自由且没有压迫，并且合理地平定了内战。

利维亚成为该家族三分之一财产的继承人，并获得了奥古斯都养女的称号。随后，她又被任命为女祭司。奥古斯都去世以后，各省的执政官负责组织每年奥古斯都诞辰的纪念活动，奥古斯都去世的月份被称为奥古斯都（Augustus）月。

档案：罗马——帝国的首都

罗马位于台伯河的两岸，被七座丘陵环绕，这座城与河流的走向是一致的。谁也不曾想到，曾经朴实的村庄有朝一日会发展成为整个世界的中心。

在屋大维年轻的时候，罗马城还只是一个小城市，城内的街道非常窄小，庙宇内破烂不堪，即使房屋都是由砖砌成的，但看起来还是一片萧条。此外，罗马城内的军队将领们暗中较量，相互争夺权力，导致了罗马长达10年的内战。那时，外省与乡下的移民大批涌入罗马城，使得城内的人口不断增加，造成了社会的无序发展。例如，在当时的阿文提诺山地区，大批的移民造成了城市内环境质量严重下降。

另外，在罗马城内贵族集中的地区，如帕拉蒂尼、基里纳尔和埃斯基纳尔地区，经济与政治仍然快速发展。在那里，到处都是有着希腊风情的房屋，墙上装饰着奢华的多莫斯壁画，地面都是由大理石堆砌而成的，并且房屋前都有廊柱作为装饰。当地，贵族们是城市建设的主要力量，他们经常在城市建设中无偿捐款，并因此在民众面前树立了良好的形象。

当时，罗马城内面积最大的区域是古罗马广场与战神广场。在这两座广场上，人们摆放了

罗马帝国的心脏 古罗马广场是罗马人城市生活的中心。左侧图片背景处的古罗马斗兽场，建造于公元前1世纪。

罗马的建立与强大

公元前14—前13世纪

罗马仍是一个农村，位于卡比托利欧山顶。后来，它逐渐与附近丘岭处的村庄有了联系，并与这些村庄一起成为罗马的雏形。据说，在神话中，罗马城建立于公元前753年的8月21日。

公元前12世纪

人们在台伯河上修建了第一座桥，并在它的入海口处修建了港口。在那年，人们还修建了城墙，以保护426公顷的城内土地。

公元前9世纪

人们在卡比托利欧与帕拉丁附近兴建大型工程，并在罗马修建了阿皮娅大街与第一条引水渠。整个城市体现出明显的希腊风格。

公元前1世纪

城市建设逐渐完善。人们在当地修建了一些行政区域，如皇家广场。罗马不再被砖墙覆盖，而变成了大理石之城。

卡比托利欧的母狼正在哺育罗慕路斯和瑞摩斯。该雕塑为青铜制品（收藏于罗马卡比托利欧博物馆）。

大理石制成的罗马

公元 5 世纪，虽然罗马帝国的盛世不再，但人们仍然对罗马美誉有加。高卢诗人克劳狄乌斯·鲁蒂乌斯（Claudius Rutilius）在他的诗歌中称罗马是一座永恒之城，绝不会走向衰落，并且称罗马是“世界上最美丽的女王，受到星辰的欢迎”，也是“人与神的母亲”。公元前 1 世纪，罗马城市建设走向了巅峰。贺拉斯（Horace）在诗作《卡门·萨库莱》(*Carmen Sæculare*）中也有记述：“整个城市发出耀眼的光芒，这光芒遮住了阳光，世上再也没有什么比它再耀眼的光芒了！”此前，罗马大多数的古迹都是由砖砌成的，而之后人们称罗马是一座由诸神保护的城市，神灵们更喜爱大理石的材质，于是，在日后的城市建设中，大多数建筑都是由大理石制成的。

1 台伯岛
2 埃米利乌斯桥
3 马塞勒斯剧院
4 伯阿里乌姆广场
5 雅努斯拱门
6 卡比托利欧的朱庇特神庙
7 罗马国家档案馆
8 图拉真神庙
9 塞维鲁拱门
10 朱利亚廊柱大厅
11 罗马元老院
12 罗马广场
13 恺撒广场
14 图拉真广场
15 奥古斯都广场
16 埃米利亚廊柱大厅
17 涅尔瓦广场
18 韦帕芗广场
19 马克桑斯廊柱大厅
20 维纳斯罗马神庙
21 埃拉伽巴路斯神庙
22 尼禄巨像
23 康斯坦丁拱门
24 罗马斗兽场
25 提图斯浴场
26 图拉真浴场
27 鲁图斯·马格纳斯遗址
28 克劳狄神庙
29 克劳狄娅引水渠
30 赛普提左提乌姆遗址
31 塞维鲁宫
32 罗马皇宫
33 奥古斯都宫
34 帕拉丁宫
35 马克西穆斯竞技场
36 阿波罗神庙
37 西贝尔神庙
38 玛西娅引水渠

很多有着东地中海风格的建筑。据西塞罗记载，恺撒曾希望恢复罗马城内曾经的古街区，那些街区有明显的雅典风格。然而，在公元前 44 年，恺撒被暗杀，临死前，还留下了翻新罗马城的遗愿。根据恺撒的想法，应当利用台伯河而将战神广场与梵蒂冈连接起来。虽然恺撒的整体计划被搁置，但是人们仍然完成了他的一些想法，如人们按照他的想法建立起了供奉维纳斯的神殿及朱利安廊柱大厅。这些建筑都是共和国广场上一次次政治游说活动的见证者。

皇城与广场

与之前的执政官一样，奥古斯都也希望推进城市化进程，但是他的方式并没有之前那么激进。他首先将目标集中在战神广场上广阔的无人区，恺撒曾希望将这片区域改成供人居住的街区。然而，奥古斯都却在当地摆放了众多艺术品，主要是为了美化自己与自己家族的成员。然而，奥古斯都的眼光并不只局限于这里，而是希望使罗马城不断扩展，城市整体建设不断改善。他的最终目标，是将罗马建设为一个被大理石与砖墙围绕的美丽城市。

为了使这种可能成为现实，奥古斯都在城市建设上投入了大量的个人财富，并鼓励他的朋友也为罗马古迹的建造或修复提供资金，以丰富大众的文化生活，并由此为自己树立良好的形象，得到民众更多的支持。

在城市建设中，奥古斯都打造了一些建筑物以便于美化自己的形象，如他在帕拉蒂诺修建的阿波罗神庙、朱庇特神庙、卡比托利欧神庙及属于自己的广场。不仅如此，他还命人修建了很多朱利安家族的广场与神庙。此外，奥古斯都还命人清理了台伯河河道，整修了罗马城内最大的引水渠，并且为他的女婿和侄子修建了剧场。

除了城市建设之外，奥古斯都还对城市的行政机构进行了改革。公元前 7 年，罗马城市向外扩展，并被划分为 14 个街区。

在奥古斯都实施的所有建筑项目中，最具象征意义的无疑是复仇者广场及在战神广场上建立的纪念碑群。这全部要归功于公元前 2 年奥古斯都在阿尔吉勒图姆的胜利。这场战争后，他将战利品带回罗马，并摆放在广场上。复仇者广场要追溯到

帝国广场

尤利乌斯·恺撒（Julius Caesar）是第一个将民众集会活动的一部分转移到新场所的人。这个新场所的建立意味着权力的升级强化。恺撒广场位于西塞罗所购置的阿吉列特（Argillet）的土地上。后来又陆续建造了奥古斯都广场、维斯帕西安广场、涅尔瓦广场和图拉真广场，这些建筑改变了罗马城市的风貌。现存于罗马文明博物馆的罗马地图（Forma Urbis）记录了当时部分的城市地图（左下方图片）。

①**图拉真广场** 公元107年由大马士革的阿波罗多罗斯（Apollodorus）所兴建。为了建造此广场，工人不得不将卡比托利欧山和奎利那雷山夷为平地。

②**奥古斯都广场** 在公元前2年建立的马尔斯乌尔托神庙可以俯瞰广场。一面高33米的围墙将广场与苏布尔区（Subure）分隔开来。

③**恺撒广场** 建造于公元前54—前46年。广场尽头矗立着满是艺术品的维纳斯神庙。

④**涅尔瓦广场** 图密善时期修建，涅尔瓦执政时期竣工。围墙的中央是一座专门供奉密涅瓦的神庙，两侧则是伪门廊。

⑤**和平广场** 又称韦帕芗广场，建于公元前75—前71年。它曾经是罗马市中心的绿化区域。乌尔比斯行政区坐落于此。

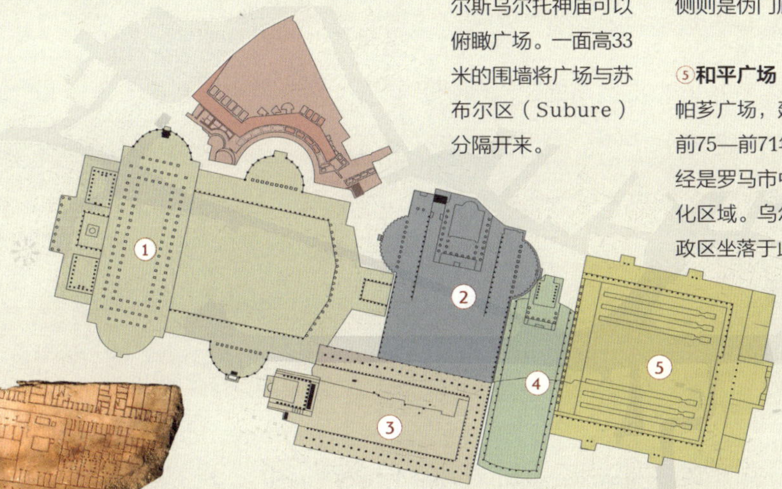

公元前 42 年奥古斯都在腓立比地区的胜利，他成功为养父恺撒报了仇，为了庆祝，奥古斯都命人打造了这个广场。

奥古斯都广场的肖像画装饰结合了起源于罗马的神话，同时确立了朱利安王朝权力的合法性：特洛伊的英雄埃涅阿斯——安基塞斯与维纳斯之子，尤勒（Iule）的父亲，尤利乌斯（Julius）的神话祖先，同时有着战神马尔斯与瑞亚·西尔维亚之子罗慕路斯的身影。在廊柱封闭广场的两个长廊中，摆放着两组雕像。一侧摆放着救助父亲和儿子远离火焰的安基涅斯和家庭的守护众神贝纳特（les pénates）；另一侧是在第一次胜利游行时扛着敌人武器的罗慕路斯（Romulus）。奥维德《盛宴》（*Fastes*）的挽联中描绘的埃涅阿斯和罗慕路斯的两个场景不仅成为奥古斯都政治的重要支柱，也是《圣母怜子图》（*Pietas*）和胜利女神维多利亚的象征。广场中还装饰着展示奥古斯都丰功伟绩的作品，以及过去获得胜利的将军的雕像。这一切都展示着罗马强大的军事实力。被统治下的人民武器上带有 *maiestas imperii*（不忠行为）的字样，人民必须服从于胜利的一方。

恺撒广场和奥古斯都广场的建立标志着罗马政治、行政和司法生活的核心逐渐从以前共和时期的广场转移到新的赋予权力意义的地方。继奥古斯都以后，韦帕芗也建立了一座献给自己的建筑——圣殿堂（Templum Pacis）。涅尔瓦在奥古斯都广场和韦帕芗广场间建造了一些建筑物，其中包括一座献给密涅瓦的神庙。达契亚战争的胜利给罗马带来了战利品，图拉真建议修建一座最华丽的广场。为了获得建造广场所需的地基，大马士革的建筑师阿波罗多罗斯不得不将连接卡比托利欧山和奎利那雷山的山丘夷为平地。关于这一点，卡西乌斯·狄奥在图拉真广场廊柱的基座上有所记载。多余的泥土被运送到广场的东南部，并倾倒在尼禄金殿的废墟上。

战神广场

在帝国时代，战神广场（Champ de Mars）和其他广场一样，其作用在于宣扬统治阶级的最高权力及其合法性。

这片由台伯河和弗拉米尼亚大道的第一部分界定的广阔平原，位于奎利那雷山和平西欧山山脚下。与奥古斯都同时代的古希腊地理学家斯特拉波曾这样描述道："周围环绕着精美的艺术品，草坪常年翠绿，山丘最终越过了台伯河，并以半圆状延伸到河的边缘，仿佛要去勾勒场景一般，这里的景象肉眼难以分辨。我们再仔细看，在挨着或者包围着柱廊的那片平原以外的地方，有数个神圣的树林、三个剧院、一个圆形剧场和一些各有特色的庙宇，它们彼此相邻。与该地区相比，城市的其余部分好似都失去了光彩。"

战神广场北部伊特鲁里亚地区的传统东方坟墓给了奥古斯都灵感，他决定要在靠近罗马历史上最杰出人物的陵墓旁修建自己的陵墓。陵墓东南 300 米处耸立着始建于公元前 9 年 1 月 30 日的和平祭坛，奥古斯都太阳钟也坐落于此，这是一个巨大的日晷仪，指针是 30 米高埃及方尖碑。9 月 23 日是秋分也是奥古斯都的生日，

众神的居所

万神殿是古罗马时期的主要建筑，由马尔库斯•阿格里帕（Marcus Agrippa）建造。

也是在这一天，方尖碑的影子笼罩着和平祭坛，仿佛王子的诞生，预示着和平的新纪元。在阿克提乌姆战役以后，战神广场的大部分中心地区都被阿格里帕所占领。他在那里建造了专用于公共娱乐和王朝庆典的建筑物，其标志性的建筑歌颂了当时最伟大的军事胜利。

该建筑群中最杰出的作品便是万神殿（建于公元前 27—前 25 年）。它遵循了古希腊万神殿的模式，权威者的雕像由众神包围。不幸的是，由于两次重建，我们无缘得见：第一次是在图密善时期，那场著名的大火吞噬了罗马；第二次是在哈德良时期。我们今天所欣赏的建筑物在它最后一次重建时，加上了直径为 43.30 米的半球形圆顶，并在其下放置了带有装饰的众神雕像，其中罗慕路斯 · 奎里努斯和尤利乌斯 · 恺撒大帝就在其中。

分列入口两侧的阿格里帕和奥古斯都的两座巨大雕像被 20 根柱子遮挡起来，

罗马的供水

在罗马工程成就方面，古希腊地理学家斯特拉波十分欣赏罗马的供水结构，以及下水道的排布，下水道使整个城市的废水得到排放。

斯特拉波在他的《地理志》中有以下记载："引水渠将水带到罗马，使真正的河流可以流经罗马的地下管道。在马尔库斯·阿格里帕的努力下，几乎每所房屋都有永不干涸的蓄水池和喷泉。"根据伊特鲁里亚人、希腊人和波斯人技术所建造的11条引水渠和近500千米的管道（包括430条地下管道）确保了罗马水资源的供应。水被收集到蓄水箱中，然后通过拱形桥梁或地下的运河进行运送，稳定在2%的水准差使水的运输成为可能。每条管道都用球形毒菌、石灰、沙子、砖块或瓷砖的混合物及通常由无花果牛奶制成的植物黏合剂进行防水处理。水到达城市后，被储存在水库中，以供公共或私人的浴场及喷泉使用。在罗马，赛特萨尔的引水渠、为卡瑞卡拉浴场供水的引水渠，以及为罗马斗兽场提供服务的西里欧山的引水渠，这些水道目前仍在使用。水从水箱中通过陶瓷或铅管循环，到青铜水龙头或阀门终止。

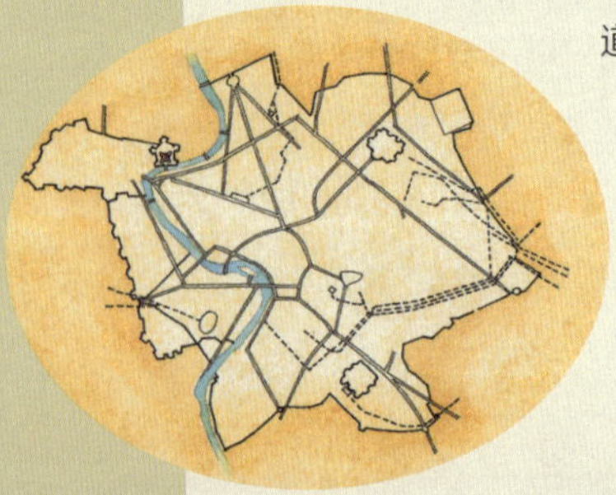

上图 马克西姆下水道 **左图** 水库和引水渠网状图

这些柱子由从埃及进口的花岗岩雕刻而成，高 14.15 米，直径 1.48 米。

在万神殿附近，阿格里帕于公元前 25 年建造了一系列浴场，其中还有一座可以游泳的人工湖。为了确保供水量，他建造了引水渠（维尔戈水道至今仍在使用）运输来自阿尔戈 · 卢库拉诺（卡萨莱 · 迪萨罗诺）的水。由于卡利古拉想在万神殿附近兴建圆形剧场，水道桥的最后一部分就被他损毁了，但后来克劳狄于公元 46 年对其进行了重建。毫无疑问，这些温泉浴场的装饰使这些建筑声名大噪。阿格里帕希望所有的绘画和雕塑作品都能纳入公共遗产，因为将它们送往各省无异于将其流放。他从基齐库斯得到了两幅分别描绘阿贾克斯和威尼斯的著名画作，他用较小的画作装饰浴场的大理石墙壁，这些画作一直留存到图拉真时代。他在浴场前放置了留西波斯的《揩身的运动员》(*Apoxyomène*) 这一雕塑作品，后来尼禄将它挪用以装饰自己的房间。最后人们在剧院的喧闹声中要求将雕塑送回原处。艺术作品之美也使朱里亚神庙这个地方熠熠生辉，这是由两根廊柱划定的大广场，从装饰的壁画推测，它们分别代表了墨勒阿格罗斯和阿耳戈英雄们。当百人团大会或选举活动不在那里举办之时，广场就成了古董市场。

其他伟大建筑

在战神广场南部地区建造的剧院有助于改变帝国首都的风貌。庞培建造了第一座石头剧院，但他把它作为送给维纳斯 · 维克特里克斯神庙的献礼。根据拉齐奥共和制晚期的传统的剧院—神庙模型，维克特里克斯的神像位于洞顶上方。

第二座剧院可容纳 1.5 万人，恺撒时期投入建造，奥古斯都时期完工。公元前 11 年，奥古斯都将这座剧院献给他不久前去世的侄子，继任者名单中排名第一位的马塞勒斯。来自加德斯一家西班牙裔家庭的卢修斯 · 科尼利厄斯 · 巴尔布斯 · 米诺（Lucius Cornelius Balbus Minor）建造了第三座剧院，该剧院于公元前 13 年启用。在奥古斯都时期的改革之后，尼禄又进行了大规模的城市建设，他在战神广场（Champ de Mars）上建造了具有新式建筑风格的新型温泉浴场，在西里欧山建立了新的马格南市场。然而公元 14 年以后，朱里亚 · 克劳狄王朝时期的城市建设主要集中在巴拉丁山。奥古斯都在那里建造了皇宫，之后他的继任者也居住于此。

从图密善体育场到纳沃纳广场

皇帝图密善，是弗拉维王朝的第三位君主。他修复了在公元80年的大火中烧毁的战神广场上的各种建筑物。他为希腊体育比赛建造了一个宽275米的体育场，这些体育比赛是自公元86年以来为纪念朱庇特于卡皮托林举办的五年一届比赛的一部分。公元217年，一场大火严重损毁了罗马斗兽场，因此斗士的决斗和狩猎都被转移到了图密善体育场。在中世纪，人们开始在体育场和看台的外围（可容纳3万个座位）兴建教堂，如纪念殉道者圣艾格尼丝的教堂。在文艺复兴时期，罗马的大家族在体育场废墟上建造了宫殿，他们留出竞技场的中心区域，根据教皇西克斯图斯四世的命令，人们需要在这里每周组织一次市场交易。这要归功于潘菲利宫的所有者英诺森五世，宫殿（上图）的外观极其精美，并装饰有贝尼尼或博罗米尼等艺术家的优秀作品。

建造新建筑始终优先考虑基础设施和纪念性建筑物。例如，在提比略时期建造的罗马禁卫军营地，从卡利古拉时期开始到尼禄时期完成建设的梵蒂冈马戏团，奉克劳狄旨意而修建的引水渠（克劳狄娅水渠和阿旎奥·诺维斯引水渠）。同样，克劳狄在保护和修复现有建筑物方面也做出了巨大努力，尤其是在发生大火之后。公元27年，西里欧山被大火所吞噬，但发生在公元64年的那次火灾是最严重的一次，尼禄认为，基督教徒应当为此负责。公元69年，卡比托利欧山发生了火灾，公元80年，大火再次焚烧了战神广场和卡比托利欧山。

尽管如此，所有这些无论是人为的还是自然性的灾害都促进了罗马城区和一些特定区域的现代化建设，使城市规划更加合理。新建筑与当时的执政王朝密不可分，象征着不同权威，这些建筑自然传递出新的、不同的政治意义。

弗拉维时期的罗马

这座建于弗拉维王朝时期的建筑——弗拉维圆形剧场将成为罗马的象征，它还有一个更为家喻户晓的名字——罗马斗兽场。尼禄时期占领的土地由韦帕芗及其儿子提图斯和图密善归还给人民。尼禄还在金宫100公顷的人工湖上建造了一个露天剧场，皇宫的温泉浴场不复存在。所有剩余的私人建筑都被拆除，改建了一个专门从事马戏比赛的区域。那里还有医院、角斗士的住所、商店和各种服务设施。

本图为一尊1世纪打造的提比略大理石半身像，这尊石像现存于那不勒斯国家考古博物馆，提比略头上戴的是象征着世俗权力的王冠。

插图（右侧） 一枚卡利古拉时期的纪念币，这个纪念币上描绘了卡利古拉在部队前训话的场景。

提比略和卡利古拉

提比略登基时，罗马民众意见不一，年轻的罗马人除了君主制以外，再也不了解其他的政权形式，因此较为赞同。而对于一些年纪大且有资历的人而言，他们担心这样一来会与元老院势力相冲突，从而爆发新的内战。因此，为了避免矛盾，提比略试图将自己世俗君主的权力放置在元老院之下。但是后来，利维亚和塞扬努斯（Sejan）不满足现状，用计谋一步步促使他犯下了最严重的暴行。然而，他的侄子卡利古拉（Caligula）继任罗马第三位君主后，将会变得更加残暴。

公元14年8月，奥古斯都逝世几天后，元老院对外宣读了这位帝国君主的遗嘱。遗嘱宣称利维亚之子为帝国的合法继承人。显然，这样的决定并不是出自奥古斯都的本意，而是现实使他不得不这样做。正如奥古斯都说的那样：“不公的命运已经夺走了我的两个儿子盖尤斯和卢修斯，现如今，我只能将王位传给我的候补继承人提比略·恺撒（Tiberius Caesar）了。”

忧郁君王——提比略

大事件年纪

公元前42年

11月6日，提比略出生。他的生父名叫克劳狄乌斯·尼禄，母亲名叫利维亚。四年后，利维亚带着儿子提比略改嫁给了屋大维。

公元12年

提比略与奥古斯都的女儿尤利娅结婚后，正式成了朱利安家族的一员。

公元14年

奥古斯都死后，提比略继位。他宣称自己的使命就是服务国家，因此拒绝接受皇帝的称号。

公元26年

在小德鲁索斯与日耳曼尼库斯相继被刺杀后，提比略离开罗马，来到了卡普里岛，并在当地建造了一间城堡准备长期居住。

公元32年

塞扬努斯的谋权计划失败。提比略命人打造了一座天坛，并组织活动庆祝罗马走出政治的黑暗时期。

公元37年

78岁的提比略在卡普里岛去世。随后，卡利古拉登基。元老院内提比略之前的追随者卢修斯听闻这个消息后自杀。

于是，提比略在元老院众人面前正式加冕。此前，朱利安家族所有的继承人接连死去，因此人们都认为提比略是命中注定要继承王位的。就这样，56岁的提比略在消除了所有竞争者的威胁之后，顺利获取了最高权力。

利维亚作为奥古斯都的遗孀，得到了他生前三分之一的财产。并且，她凭借着奥古斯都遗孀的身份成为朱利安家族的一员。不仅如此，她宣称要全力以赴辅佐自己的儿子，因此也介入了政府的行政机构。自此，在后来的所有文件中，利维亚都被人们称为朱莉亚·奥古斯塔（Julia Augusta）。当时，人们对于利维亚的继承权争议很大，因为曾经有一条法律规定女性并没有继承公民财产的权利。为此，人们还发起了一场投票。最终，利维亚在票选中获胜，得到了继承权。

王子的画像

史学家对提比略的看法截然不同。一部分史学家爱把他与后来的尼禄和卡利古拉相类比。因为他们同样是被欲望迷惑的独裁君主，在其执政期间，也实行了暴政。而对于其他人来说，他却是高效行政的倡导者。根据西奥多·莫姆森（Theodor Mommsen）的说法，他是“罗马史上最有能力的皇帝”。尽管人们对他的政治与生活形象评价不一，但是所有人都对他前几年的统治持赞同意见，并认为他的治理有利于公众。提比略上台时他的政治蓝图已经相对成熟了，在此之前，他已经积累了比任何其他王位继承人都更丰富的政治经验。此外，他的作战能力被人们视为榜样，这早在潘诺尼亚与山外高卢的战争或与日耳曼人的长期斗争中就得到了充分体现，这无疑都成为战士们心甘情愿向他俯首称臣的重要因素。

对提比略持批判态度的史学家称，提比略上任后的第一个命令便是刺杀尤利娅和阿格里帕的儿子阿格里帕·波斯图姆。波斯图姆是朱利安家族的最后一个后裔，并自公元 7 年便被流放到帕拉纳西亚岛，也曾经在当地试图阻止过提比略继承王位。在另一个版本的记载中，有对这一事件更为详细的描写。提比略和利维亚“一个出于忌惮，另一个出于仇恨”，一同策划了对这位朱利安家族后裔的谋杀。波斯图姆死后，忠于他的一个幸存的奴隶偷走了他的尸体。这位奴隶和死者长得极像，于是对外宣称波斯图姆一直在世，鼓动人们起义。但是后来，这位奴隶被抓，后在罗马皇宫内被秘密处死。

后来，人们推测阿格里帕·波斯图姆是自然死亡，只不过他的死亡时间恰巧正是提比略登基的时候。这种偶然被提比略的敌对势力利用，宣称是他杀害了波斯图姆。这种阴谋论也极有可能是在日后皇室大加迫害敌对势力时兴起的，人们当时对提比略继承王位的过程质疑声很大。

与朱利安·克劳狄家族的君主不同，提比略试图将世俗君主的权力落实到具体范围中，并通过该举措实现世俗君主与元老院双方权力的合作。此外，他还继承了奥古斯都的政治传统。他在广场上召集了很多顾问一同参与司法决策。在裁决期间，提比略接受并尊重顾问的不同意见，从没有表现出任何不满。

当时，提比略热衷于雄辩术。在流放到罗得岛期间，他师从西奥多·德·加达拉（Theodore de Gadara）继续学习。他的风格也带有一定的掉书袋和隐晦迷离的特点，这一点与马库斯·瓦列里乌斯·梅萨拉·科维努斯的风格别无二致。

除对骑兵的控制权之外，提比略决心限制自己的权力并在政治上对其他元老院议员赋予足够的尊重。这一点在各个方面均有体现，如他一直拒绝接受对他作战荣誉的奖赏、拒绝接受国父帕特里克·帕特里（patater patriæ）的头衔，并仅在官方文件中使用奥古斯都的称号。他要求获称为元老院的执政官，且为避免涉嫌专政，他只接触大元帅级别的将领。不仅如此，他还拒绝各种形式的阿谀奉承，如他拒绝

在公共场合庆生，并摒弃了奥古斯都的一贯做法，在新年期间离开罗马，以躲避送礼的人。

然而，对于一些有野心想要控制国家的元老院成员而言，提比略这种对权力的克制正好给了他们弄权的机会。提比略身边两个最亲的人，一个是母亲利维亚，另一个是禁卫军长官塞扬努斯，两人利用了提比略的优柔寡断，诱导提比略做出了很多符合他们二人野心的错误决策，并由此使罗马人对这位统治者逐渐失望。

利维亚利用自己的儿子来满足她统治国家的欲望。她控制了官方书信，并在元老院进行演说，暗示大家自己被授予了对国家的控制权。利维亚向元老院举行了听证会，并在举手投足之间表现出手中握有皇权。她并不满足于对提比略的摄政，并对外宣称是自己成就了如今的罗马皇帝，因此要求官方文件上也应有自己的署名。

不仅如此，在公文中，她要求删除一切她认为对克劳狄家族统治有威胁的内容。然而，还是有很多人对提比略的统治提起质疑，他们的反对意见撼动了整个帝国。其中，反对意见最大的当属叙利亚的行政长官皮森（Pison）和妻子普拉奇纳。普拉奇纳是利维亚的朋友，他们认定是利维亚和提比略谋杀了日耳曼尼库斯。日耳曼尼库斯生前一直有专门的士兵看管，虽身陷囹圄，但是他始终对自己的养父奥古斯都极为忠诚。

另外，则以塔吉斯的记载："塞扬努斯虽然表面上不动声色，但是他内心对权

提比略的胜利

这是一只银杯上的浮雕。这只银杯是在意大利博斯科雷亚莱发现的。画面中提比略站在他的战车上，在他身后有一名专门为他扶着头冠的奴隶。该头冠由月桂做成，象征着胜利。在提比略的身边，簇拥着士兵与侍从们。在这只银杯的另一面，雕刻着提比略加冕的画面。提比略在继承王位之前，亲自带兵解决了日耳曼和亚美尼亚地区的争端，在维护和平与扩展疆域方面贡献颇多。因此，人们认为他是罗马最了不起的皇帝之一（收藏于巴黎卢浮宫博物馆）。

力的欲望之大，是不可描述的。”为了得到更多的权力，他努力成为提比略的左膀右臂，就如同当年奥古斯都身旁的阿格里帕。在提比略被流放至罗得岛期间，塞扬努斯和提比略结下了很深的交情。并且他凭借着这份交情操控提比略做出符合自己意愿的决定。不仅如此，塞扬努斯还挑拨提比略和其他人的关系。当年，日耳曼尼库斯出征得胜，塞扬努斯借此事挑起提比略内心的忌妒，使其对日耳曼尼库斯怀恨在心。提比略掌权后，日耳曼尼库斯的妻子阿格里皮娜也参与了对军队的管理，权力甚至比各省的行政官和军队将领还要大。因此，塞扬努斯又致力于离间提比略与阿格里皮娜的关系。尽管利维亚和塞扬努斯的出发点不同，但是他们两人都致力于离间提比略与阿格里皮娜的关系，劝导提比略消除阿格里皮娜在政治生活中的特权。此外，阿格里皮娜与日耳曼尼库斯的儿子被一小部分朱利安势力扶持，也对塞扬努斯和利维亚产生了威胁。因此，他们也趁机离间提比略和日耳曼尼库斯之间的关系。

北部边界：从大德鲁索斯到日耳曼尼库斯

奥古斯都多次强调必须保住莱茵河和多瑙河地区，因为它们是帝国北部的重要边界。大德鲁索斯带兵与日耳曼人作战，但丧命于此。随后，提比略又命令日耳曼尼库斯前往作战。

公元 9 年，日耳曼尼库斯的父亲德鲁索斯带兵抵抗日耳曼人的入侵，并在莱茵河与威悉河附近修建了军事城堡，但是在随后的战争中不幸丧命。当时，还在高卢担任地方领事的日耳曼尼库斯得知这个消息后，下决心一定要为父亲报仇。在日耳曼尼库斯正式出征之前，他就命人向当地驻军输送了精良的作战用具。抵达之后，日耳曼尼库斯也得到了 8 支骑兵的拥戴。公元 14 年，日耳曼人进攻罗马，并制造了一场大屠杀。但是随后被罗马军队击退。公元 15 年，日耳曼人再次进攻莱茵河东部，并且在战争中杀死了罗马军队的一名重要首领。公元 16 年，日耳曼人再次进攻莱茵河与威悉河流域。但是这次，罗马军团在威悉河附近的伊迪达维索赢得了胜利。在塔西佗的记载中，日耳曼尼库斯取得胜利之后，提比略对他的功勋心生忌妒，生怕他会威胁自己的王位，因此将日耳曼尼库斯召回罗马，然后任命他为东方地区的总督。本页插图为提比略的光环（收藏于那不勒斯国家考古博物馆），下一页的插图是为驻守日耳曼地区的第六骑兵团打造的海洋祭坛，以此感谢他们的付出。

提比略的外交政策

提比略接替奥古斯都后，北部边境的冲突仍未解决，高卢人再次起义，并且与罗马的附属国西里西亚（Cilicia）、卡帕多西亚（Cappadocia）和科马根（Commagene）结盟。为了避免过多的战争开支并恢复奥古斯都统治时期的和平局面，提比略改变了过去的扩张主义，主张维持现有的边界关系，同时确保人民的安全。

考虑到北部莱姆地区常年动荡，提比略决定搁置莱茵河以外的所有征战计划，其中也包括过去由日耳曼古斯领导的战斗，以避免与地方国王马尔波德产生新的冲突。提比略采取螳螂捕蝉、黄雀在后的策略，坐等日耳曼各个部落之间内战的爆发，使得削弱各部落领导人的力量，再一举铲除剩余势力。不出所料，

罗马在条顿堡（Teutoburg）战败后，切卢斯克王子阿米纽斯（Arminius）被自己同伴谋杀。马尔波德本人被迫向提比略寻求政治庇护，后人都称：“马尔波德为了苟活而失去了尊严。”

公元 17 年，非洲北部爆发起义。起义者努米德・塔克法里纳斯（Tacfarinas）趁机煽动非洲其他部落对罗马政府的不满，并怂恿穆苏拉米人、摩尔人和加拉曼特人一起反抗罗马的统治。站在罗马一方的人物是托勒密，他是朱巴二世和克利奥帕特拉・塞琳娜的儿子，也是马克・安东尼和克利奥帕特拉的孙子，亦即未来的克劳狄皇帝的表弟。

这场战争持续了七年，同时在罗马统治的国土上还爆发了大大小小的间歇性叛乱。昆图斯・朱尼乌斯・布鲁苏斯（Quintus Junius Blaesus）战败之后，普罗孔苏・普劳利

罗马伟大的历史学家蒂托·李维的去世

公元 17 年，罗马的最后一位历史学家蒂托·李维去世，享年 77 岁。他曾做过未来皇帝克劳狄的老师。蒂托·李维是奥古斯都时期罗马走向辉煌的见证者。但是，他并没有像维吉尔与贺拉斯那样对朱利安家族一味奉承，而是秉承共和国理念，主张重返罗马共和国。

蒂托·李维在 30 岁时离开家乡，前往罗马。此后，他开始撰写罗马的历史，并将一生奉献于此。他在书中记述了罗马从神话时期一直到德鲁索斯死后的历史。普林尼说，当时，人们公开阅读他的早期作品，并对蒂托·李维评价极高。外省居民不惜长途跋涉来到罗马，就是为了一睹这位历史学家的风采。蒂托·李维著述的作品一共有 142 本，他每写完 5 本，就会统一集中发表，但是现如今只有 34 本被完整保存。尽管如此，我们仍可以看到蒂托·李维每本书的摘要。这些摘要启发了此后无数的史学家。尽管蒂托·李维在创作过程中也借鉴了不少之前的历史作品，但是他为历史情节注入了新的灵魂。

插图 19 世纪的人们为蒂托·李维创作的版画。

乌斯·科尼利厄斯·多拉贝拉（Proconsul Publius Cornelius Dolabella）在奥泽亚（Auzea）成功击败了塔克法里纳斯势力。公元 21 年，叛乱已经蔓延至了罗马军队，一些高卢士兵叛逃至敌方阵营，提比略不得不下令立即镇压这场高卢的起义。最终，叛乱分子在席尔瓦·阿当纳（Silva Arduenna）和奥古多顿（Augustodunum）的战役中被击败，起义领导人在战斗中自杀。

日耳曼尼库斯

公元 17 年，罗马在日耳曼地区的军事远征还没有结束，日耳曼尼库斯带领的军队在路途中损失惨重。因此，提比略决定放弃帝国对德国北部的扩张，并下令让他的侄子日耳曼尼库斯回到罗马。一年之后，提比略命日耳曼尼库斯平定东罗马地区的内战，并将其派往东方。与此同时，提比略命儿子大德鲁索斯前往伊利里亚，以赢得当地士兵的拥戴。

日耳曼尼库斯前往希腊，他在这里开始了他的第二个总督任期。日耳曼尼库斯和他的家人造访了埃维厄岛和莱斯沃岛，并且阿格里皮娜在那里生下了小女儿。随后，他从拜占庭（Byzantium）抵达亚洲，继续向南，并且拜访了一位名叫科洛丰（Colophon）的先知，这位先知预感到了日耳曼尼库斯即将英年早逝。最后，他到达了东方的最后一站——叙利亚。与此同时，利维亚命令当地的行省长官密切监视日耳曼尼库斯的一切动态。不仅如此，她还命令这位长官的妻子，也就是利维亚的好友普拉奇纳监视日耳曼尼库斯的妻子阿格里皮娜。日耳曼尼库斯一家刚到目的地，普拉奇纳夫妇便重金收买了他们的士兵，并对他们一家进行了令人难以容忍的诽谤。日耳曼尼库斯由此对当地的执政官和皇帝提比略心生怨恨，并当众表示对他们的不满。

公元 18 年夏，日耳曼尼库斯出访地中海沿岸各省。从埃及返回后他就生了病，并认为自己被普拉奇纳夫妇施了巫术并下了毒。人们在他的住处发现了巫术的器具，如钙化的人骨和刻有他名字的铜板，并认为这些器具与他病情的加重有关。几个月后，33 岁的日耳曼尼库斯死去。然而，塔西佗则认为下毒这种阴谋论十分荒谬，在他看来，日耳曼尼库斯是在到访的省份染上了疟疾或者结核病，而后是日耳曼尼库斯自己的迷信加重了病情。

日耳曼尼库斯之死震惊了罗马

日耳曼尼库斯死亡的消息传到罗马，在法官正式公布他死亡的消息前，人们不再去观看广场上公开的审判了，各家各户都关起了门，整个城市的市民都陷入了沉寂和泣涕之中。据塔西佗记载，阿格里皮娜带着她已故丈夫的骨灰和六个孩子（尼禄、德鲁索斯、盖尤斯·卡利古拉、小阿格里皮娜、朱莉娅·德鲁西拉和朱莉娅·利维拉）抵达布伦迪西姆港口时，港口前人山人海，不仅如此，人们还挤满了周围任何能看得见的地方，如城墙、屋顶等。人们都眼含泪水，不知道是否应该问候阿格里皮娜。当阿格里皮娜一家抵达罗马时，提比略和利维亚都没有参加死者的葬礼。要知道，在此之前，为死去的英雄举行缅怀仪式已经是罗马成文的规定了。因此，他们的缺席激起了人民的不满，他们认为提比略母子对日耳曼尼库斯有很深的仇恨。

人们都怀疑是皮森和普拉奇纳夫妇杀害了日耳曼尼库斯，并要求公正审判疑犯。提比略别无选择，只能按人民说的办。在审判过程中，所有证据都直指皮森夫妇是凶手。因此，日耳曼尼库斯在人们心中的形象更加无辜。人们将他生前对罗马的贡献都刻在阿波罗·普法尔茨血统圣殿的门廊上，并将文字部分散布到帝国的所有殖民地和行省。在各个行省和殖民地里，人们将日耳曼尼库斯的贡献编撰成文后，将其展示在最热闹的街头，还将其传送到了军队的冬季驻扎营地中。皮森夫妇受到指控并被关进了监狱，在监狱中，他们二人并没有认罪，因此又罪加一等，人们怀疑他们不仅杀了日耳曼尼库斯，还有谋反的嫌疑。利维亚要求儿子提比略减轻他们在狱中的刑罚。最终，皮森夫妇无罪释放。

提比略在卡普里岛的隐退

公元 26 年，人们因日耳曼尼库斯对皇帝提比略日渐不满，一方面人们指责提比略纵容母亲利维亚插手国家事务；另一方面，提比略再也不能忍受母亲一步步对他感情的利用，于是 68 岁的提比略决定退隐到卡普里岛。从此以后，提比略再也没有回过罗马，甚至连母亲的葬礼都没有参加。

起初，他离开的官方说辞是前往坎帕尼亚（Campania）为两座神庙加冕。其中一座神庙供奉着木星神朱庇特（位于卡普阿），另一座供奉着奥古斯都（位于诺莱）。加冕仪式之后，提比略在卡普里岛的安第斯别墅内定居。与其说是别墅，不如称为宫殿，并且这个宫殿比罗马的宫殿大三倍，成为当时帝国的主要行政中心。提比略选择卡普里岛的原因有很多。首先，坎帕尼亚风景秀丽，文化氛围极佳，维吉尔等哲学大家也经常在这里开展讨论会或举办诗歌朗诵会。因此，自共和时期以来，这里就成为罗马贵族隐退的理想住所。其次，该岛的地理位置也十分理想。离舰队基地米赛诺港口乘船仅需 4 个小时，距罗马主要谷物供应中心普图利（Pozzuoli）乘船不到 5 个小时。

提比略选择这个地方也有可能是出于其他的原因。有消息称他希望在此能够治愈自己多年没有治愈的疾病，这种疾病类似于麻风，使他的身体布满溃疡，伤口不容易愈合，大面积化脓。

提比略在卡普里岛的行宫有明显的希腊风格，他在这里雇用了最有能力的顾问，如未来的皇帝奥鲁斯·维特里乌斯、塞尔维乌斯·苏尔皮基乌斯·加尔巴和弗拉维乌斯·维斯帕西安努斯（韦帕芗），元老院成员马库斯·科西乌斯·涅尔瓦。还有一些支持他的亲戚，其中包括日耳曼尼库斯的两个儿子：德鲁索斯和他的妻子艾米莉亚·莱皮达（Aemilia Lepida），以及卡利古拉和他的妻子朱尼娅·克劳狄拉（Junia Claudilla）。

阿格里皮娜在布伦迪西姆

丈夫日耳曼尼库斯在叙利亚死后，阿格里皮娜带着孩子们来到了港口布伦迪西姆（Brindisi），想要将丈夫的骨灰带回罗马。这幅图是由美国画家本杰明·韦斯特（Benjamin West）在1767年创作完成的，现存于耶鲁大学美术馆。人们都说日耳曼尼库斯是一位真正的英雄，但很不幸的是，他同他的父亲德鲁索斯一样英年早逝。

提比略在卡普里的别墅

该建筑建于卡普里岛最高海角上，被苏埃托尼乌斯称为乔维斯（Jovis）别墅，共有12间房屋。

梅乌里墓群的发掘使这座曾经的军事城堡重见天日。在这里，有着极其完善的供水系统，并且设有房屋、官邸和行政区域。从这座城堡的缩略图可以看出，它并不是传统的罗马建筑，而是带有明显的希腊风格。这座堡垒占地7000平方米，高40米，并且坐落于人造陆地之上，是罗马最伟大的建筑之一。左侧的配图为提比略的大理石雕像。

塞扬努斯的阴谋

尽管提比略本人再没回过罗马，但他与罗马的行政部门之间一直保持着联系。并且通过这样的方法，他还召开过小型听证会。他委托塞扬努斯和禁卫军首领韦莱乌斯·帕特里克斯（Velleius Paterculus）作为传话人。其中，这位韦莱乌斯在当时被描述为“不论是在体力还是在精神上永远拥有活力，并且将会永远忠诚并充满热情”。事实上，塞扬努斯的权力更大。他虽然不属于元老院成员，但是他获得的荣誉与恺撒一样多。人们将他的面孔刻在硬币上，名字刻在皇帝的一侧，并将其篆刻成神柱的雕像，纳入奥古斯都家族。

据卡西乌斯·狄奥记载，“塞扬努斯深受提比略重用，虚荣心

①**入口处的坡道** 这个坡道直通皇室的中心区域，与一个半圆形的中殿相连，在坡道上可以看到索伦托海滩的景色。

②**中心庭院** 在这里有一个保障全城供水的蓄水池。

③**洗浴区** 由五个房间组成，在温泉房内配有浴池。

④**奴隶的房间** 房间一共分为三层。

⑤**城堡的前厅** 在前厅内有四根大理石柱，地面为坡道。

⑥**灯塔** 通过灯光向船只传递信号。

⑦**观星台** 这个观星台只供提比略一人使用。

连同他的权力一起日渐膨胀”，塞扬努斯开始觊觎王位，并为此建立了强大的政党，得到了 9000 名禁卫军的支持。但是，塞扬努斯如果想要真正掌权，这些仅是杯水车薪，为了削弱提比略的势力，塞扬努斯必须与皇室结盟，得到贵族中恺撒一派的支持，并铲除自己的政敌。对于塞扬努斯而言，政敌中最大的一派当属日耳曼尼库斯的妻子——阿格里皮娜及其支持者了。

为此，塞扬努斯有意讨好罗马城内大人物的家眷，并承诺向她们汇报自己的丈夫是如何出轨的。这些与塞扬努斯交好的家眷包括提比略的儿媳，即德鲁索斯的妻子克劳狄娅 · 利维拉（Claudia Livilla），同时是日耳曼尼库斯的妹妹。克劳狄娅 · 利维拉在日后塞扬努斯的夺权生涯中至关重要，是帮助塞扬努斯打

法国的大宝石

这是一块最大的罗马宝石。自1791年起，它被保存在巴黎国家图书馆的宝石柜中。君士坦丁堡的皇帝博杜安二世得到它后，将它归还给了法国。随后，1279年它在圣礼拜堂完成清算，被收为法国国有遗产的一部分。这块宝石在那里一直保存到1279年。它由五层缟玛瑙制成，高31厘米，宽26.5厘米。在这块宝石上，记述了奥古斯都死后朱利安家族的亲密场景。同时，表达了对新任皇帝屡次击退蛮族入侵的感激。这块宝石一共有24个人像，分别记述了奥林巴斯、朱利安王室与凯旋将士三个主题。

①**奥古斯都** 他头戴花环，身穿大祭司的衣服。奥古斯都在这幅图上乘坐着神驾驶的圣车，表示他已经被人们神化了。

②**日耳曼尼库斯** 他高高站起，想要抓住天上的神马。日耳曼尼库斯在公元4年被提比略收养，逝世于公元19年。在他对面的，是提比略的儿子德鲁索斯，他逝世于公元23年。

③**盖尤斯·恺撒** 这幅图是恺撒11岁时候的样子。他是日耳曼尼库斯与阿格里皮娜的二儿子。他站在母亲身前，脚穿着一种罗马凉鞋，这种凉鞋发音与卡利古拉的名字很像。

④**尼禄·尤利乌斯·恺撒** 他是日耳曼尼库斯的长子，也是德鲁索斯女儿朱莉亚的丈夫。因此，当时他也是提比略的候选继承人。

⑤**小安东尼娅** 马克·安东尼与小屋大维娅的女儿，也是日耳曼尼库斯、克劳狄及克劳狄娅·利维拉的母亲。在图中，小安东尼娅正在欣赏这块宝石。

⑥**提比略** 在画面的中央，提比略坐在宝座上，并且把脚搭在了擦脚凳上，他的右手握着神赐的宝物，象征着得到了来自朱庇特的庇护。

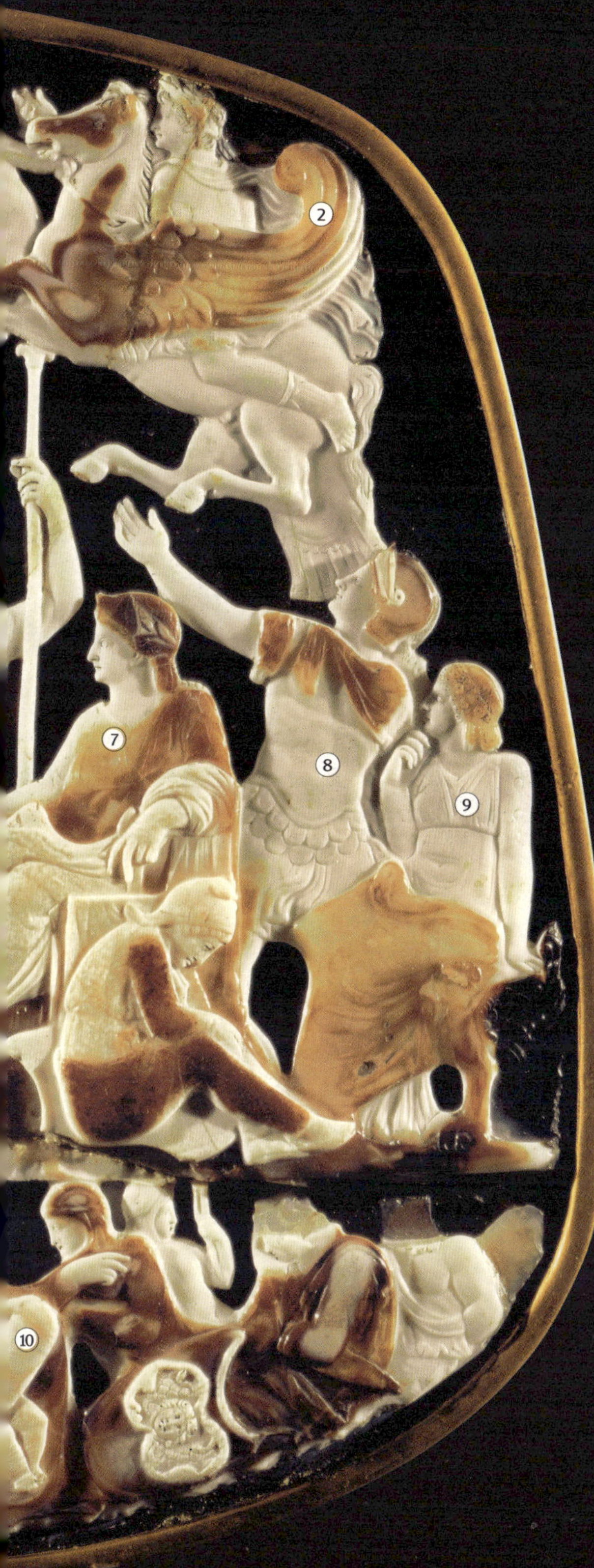

皇家御用的宝石雕刻术

这种雕刻术专门用于雕刻金戒指与从小亚细亚、埃及、阿拉伯或印度进口的名贵宝石，其中包括从撒丁岛运来的橙色缠丝玛瑙。不仅如此，人们还用了缟玛瑙，得以产生颜色渐层的效果。普林尼认为，迪奥斯库里德斯（Dioscurides）是当时最著名的宝石学家之一。他雕刻的奥古斯都塑像被后世的继任者用来封印官方文件。本图为现保存于法国国家图书馆的奥古斯都宝石雕像。

⑦ **利维亚** 利维亚陪伴在儿子提比略身旁，并且手持丽春花束，表明自己是谷神在世。

⑨ **克劳狄娅·利维拉** 日耳曼尼库斯与克劳狄的妹妹，也是塞扬努斯的情人。

⑧ **德鲁索斯·尤利乌斯·恺撒** 他正在向自己的父亲传递战利品。在自己的亲儿子死后，提比略收养了他。

⑩ **内部的情景** 在这里主要是一些战俘，长头发的是日耳曼人，带有弗里吉亚特点发型的是帕提亚人。

位于维埃纳的奥古斯都、利维亚神庙

这座神庙修建于公元前20—前10年，位于现今的维埃纳。曾经，利维亚想要在死后进入万神殿，被后世视为罗马的神灵。然而遭到了儿子提比略在元老院的公开反对。后来，克劳狄上台，将自己祖母利维亚的肖像也放进了这座神庙中。

入克劳狄家族的关键人物。也包括一名行政官的妻子阿皮卡塔（Apicata），当她得知丈夫出轨的消息后，便加入了塞扬努斯阵营，并指控太监利格杜斯和厄德姆斯受了皇后利维亚的指使，从而毒害了德鲁索斯。后来阿格里皮娜的第二个儿子尼禄也死了。阿格里皮娜痛失爱子并被撤职，提比略将她流放到意大利的一个小岛上，十年后她死于饥饿。

据塔西佗记载，日耳曼尼库斯和阿格里皮娜的儿子德鲁索斯是饿死的。当时，他被关押在普法尔茨监狱，狱中不提供食物，他只能啃食自己的床垫。9天之后，德鲁索斯死在了监狱中。在此之前不久，罗马曾流传过一个莫须有的说法，人们说提比略曾秘密命令自己的部下纳维乌斯释放德鲁索斯，并将这位部下任命为军队长官，以对抗塞扬努斯的禁卫军势力。

罗马的恐怖政策

解决完阿格里皮娜一派之后，塞扬努斯的迫害政策还没有结束。为了防止迫害者的后代继承他们的遗产，塞扬努斯先是以诽谤皇室的罪名指控这些人，然后将他们判处死刑。例如，罗马骑士卢修斯·恩尼乌斯（Lucius Ennius）为了锻造私人物品，熔化了奥古斯都的银像，在塞扬努斯的算计下，他因此获罪。幸运的是，恩尼乌斯（Ennius）随后被无罪释放。但仍有许多不幸的受难者在狱中自杀身亡，如日耳曼尼库斯的后裔盖尤斯·西留斯（Ciusus Silius）和提图斯·萨比努斯（Titus Sabinus）。同样的不幸也发生在了埃利乌斯（Aelius Saturninus）的身上，提比略指控他写过贬抑诗，以及克雷穆蒂斯·科杜斯（Cremutius Cordus），他在奥古斯都的历史传记中，有赞扬敌军卡修斯和布鲁图斯的嫌疑。

在提比略离开罗马到卡普里后，罗马民众的谋杀和自杀事件成倍增加。塞扬努斯大肆实行恐怖政策，没有任何公民能够幸免。不仅如此，塞扬努斯还鼓励人们相互揭发，举报人可以得到被定罪者四分之一的财产。大多数获罪者的子女也被指控秘密谋反，并因此获罪，如维比乌斯·塞雷努斯（Vibius Serenus），他被流放到阿莫尔戈斯岛。提比略与罗马的通信被塞扬努斯控制，因此罗马城内发生的一切提比略都被蒙在鼓里。但是对于民众而言，皇帝提比略自然是这一切灾难的操控者。正如苏埃托尼乌斯的经文里说道：“罗马所遭受的一切，都是提比略的报复啊：他起先经历了被流放的苦楚，掌控权力后，便要将这一切都还给人民啊！”

利维亚和塞扬努斯之死

同年，利维亚在罗马生了一场大病，并死于公元 29 年，享年 87 岁。提比略得知消息赶回罗马后，母亲利维亚已经断气了。当时，人们将她放在柴堆上准备火化时，尸体已经处于高度分解状态。提比略并没有原谅母亲生前对国家事务的操纵和干涉。为了纪念她，他举行了隆重的葬礼，并没有以罗马成员的葬礼规格操办，并且废除了她的遗嘱。

利维亚去世两年后，塞扬努斯失势。当时，日耳曼尼库斯、克劳狄与克劳狄娅・利维拉的母亲小安东尼娅向提比略揭露了塞扬努斯的阴谋。提比略为了不打草惊蛇，先是在公元 31 年任命他为地方行政官，并且向元老院提交了对他半褒半贬的信函。随后重用卡利古拉，并且命人制造了一些人为的预兆，使得民众相信卡利古拉理所应当成为王位的继承人，塞扬努斯的阴谋不会得逞。就这样，提比略的决定得到了元老院和人民的支持后，他向塞扬努斯公开宣战了。

提比略先命令自己的亲信纳韦乌斯・索托里乌斯・马克龙（Naevius Sutorius Macron）和格雷科努斯・拉科（Greecinus Laco）监视禁卫军和元老院的一切动态。随后，让元老院以向其正式授予护民官职权的名义征召塞扬努斯。与此同时，提比略设计让塞扬努斯与保护他的军队隔离。就这样，在阿波罗神庙内，元老院成员将塞扬努斯的罪行公布于众，并认为他罪无可恕，将他关进了监狱以待处死。不仅如此，他的子女也因此获罪，妻子也被判处死刑。

对于罗马人来说，最严重的惩罚并不是死刑，而是将曾经的大英雄的所有荣誉与他后来的错误一一抵消，并将他从历史中除名。卡西乌斯・狄奥对塞扬努斯的失势评价道："塞扬努斯的失势是必然的，这反映了在专制独裁面前，人们应有的态度。"

"上午的时候，塞扬努斯还以一个至高无上的权力者姿态进入元老院，经过审判后他就变成了阶下囚，曾经的荣誉都成了他现如今的讽刺……人们为他带上枷锁和镣铐，以主人的姿态将他押送进监狱，并且像对待奴隶一样对待这位曾经权倾朝野的大臣…… "塞扬努斯的命运并不是特例，从提比略、卡利古拉到尼禄的朱里亚・克劳狄王朝，还有弗拉维王朝及后来的安敦尼王朝的一些皇帝也都是如此下场，因为他们都曾试图跨越王权的限制，实现专制统治。

公元 31 年 10 月 18 日，塞扬努斯正式被判有罪并处绞刑。处决后，他的尸体被从行刑处高高扔下，任由台下的人随意践踏，直到被碾成肉泥。塞扬努斯死后，他曾经的支持者为了不受牵连，全部反水。人们释放了曾经被塞扬努斯关押的无辜

塞扬努斯情妇利维拉的悲惨结局

克劳狄娅·利维拉（Claudia Livilla）是克劳狄和日耳曼尼库斯的妹妹，小安东尼娅（Antonia）和大德鲁索斯的女儿。为了团结朱利安与克劳狄家族，奥古斯都将她许配给了小德鲁索斯，他是克劳狄娅·利维拉的表兄弟，也是提比略的儿子。

利维拉的丈夫去世八年后，塞扬努斯与情人利维拉一同被抓进监狱。在塞扬努斯被审判之前，利维拉被指控伙同医生和奴隶下毒杀害自己的先夫德鲁索斯。指控利维拉的人是塞扬努斯的妻子阿皮卡塔。此前，阿皮卡塔被塞扬努斯休掉了，因此她对利维拉怀恨在心。在审判后，提比略便下令处死了利维拉。然而，也有传闻说，利维拉被送到了母亲小安东尼娅处，并被活活饿死（右图所示的大理石胸像现收藏于意大利格罗塞托考古与艺术博物馆）。当然，这只是民间的传说，人们这么说是为了给利维拉的母亲小安东尼娅脱罪，她虽然与奥古斯都、利维拉关系很近，但仍是一位有着坚定的道德原则和绝对贞操的女性。塔西佗说：“提比略身边亲人的一个个死去，使得有阴谋的大臣们暗暗窃喜。”利维拉死后，元老院决定将所有关于利维拉在建筑物上的记载全部删除。

利维亚的宅邸

尽管利维亚和奥古斯都的官邸位于帕拉蒂尼山，但这位皇后在罗马附近郊区第一门（Prima Porta）还拥有一幢豪华别墅。这幢毗邻弗拉米亚大道和台伯河的别墅是利维亚的最爱。该别墅装饰有自然主义风格的壁画——这样一来便重现了一番园林的景致，给人以一种置身于大自然中的感觉。利维亚别墅中的壁画是保存最为完好的罗马绘画作品之一，现收藏于罗马国家博物馆马西莫宫（第104页—第105页）。

群众，人们为了庆祝自己重获自由，还在广场上竖起了象征自由的雕像。这场盛大的庆祝活动不只是为了庆祝塞扬努斯的倒台，还是为了庆祝罗马黑暗、独裁的恐怖政策的终结。

罗马大地上燃起火焰

不料，在塞扬努斯被处决的几个月后，罗马再次陷入危机。对提比略心怀不满的民众开始暴动。人们亲手杀死了曾经施暴的官员。公元 33 年，小阿格里皮娜与儿子德鲁索斯相继死去，提比略拒绝为他们修立相应的贵族坟墓，这招来了群众的再一次不满，并加深了他丑恶暴君的形象，罗马的起义走向高潮。

卡利古拉是小阿格里皮娜唯一一个幸存的儿子。利维亚作为他的曾祖母收留了他，并和其祖母安东尼娅（Antonia）一起保护卡利古拉。公元 31 年，为了保护朱利安家族的最后一条血脉，卡利古拉被召到卡普里皇宫内居住。这尤其是因为害怕塞扬努斯的两个朋友梅萨琳努斯・科塔（Messalinus Cotta）和塞克图斯・维斯蒂里乌斯（Sextus Vestilius）制订的谋杀计划得逞。提比略在自己去世的两年前，任命卡利古拉和他的孙子提比略・吉梅卢斯（Tiberius Gemellus）为他的继任者。同时，他清楚地意识到，一旦卡利古拉掌权，自己的亲孙子就一定会被铲除。

经历过提比略死后恐怖时期的历史学家解释道，卡利古拉之所以选择这么做，是因为他曾经被迫害过，这段不堪的回忆迫使他向罗马民众进行报复。卡西乌斯・狄奥通过提比略之口揭示了一段无名氏的话：“在我死后，就让罗马大地上燃起火焰吧。”这表示提比略似乎在生前已经预见到了卡利古拉作为日耳曼尼库斯唯一的后代的疯狂。

78 岁的提比略死后，民间流传着各种关于他死因的说法。有人说卡利古拉拒绝给虚弱的提比略提供食物，从而加速了他的死亡。塔西佗则认为，提比略是被人掐死的。而苏埃托尼乌斯说是卡利古拉亲手下毒杀害了自己的叔叔。据弗拉维乌斯・约瑟夫斯（Flavius Josephus）记载，提比略在去世前几天还没有确定自己的继承人，他要顺从天意。宫里的预言家告诉他，第二天第一个进入他房间的人便是神决定的王位继承人。提比略秘密命令自己孙子提比略·吉梅卢斯（Tiberius Gemellus）的监护人在清晨将他带到自己的身边，但还是被卡利古拉抢了先。提比略由此含恨死去。

卡利古拉继承王位

无论提比略的死因究竟是什么，盖尤斯·尤利乌斯·恺撒·日耳曼尼库斯（俗称卡利古拉）在公元 37 年 3 月 16 日被宣布为皇帝。他要处理的第一个问题便是如何处置自己养父提比略的尸体。人民对提比略的暴行早就恨之入骨，并公开庆祝皇帝的死亡。有的人建议将提比略的尸体扔进台伯河，还有的人建议用钩子吊着提比略的尸体示众，再从高处扔进河里。但是，根据当时的道德和宗教规则，王位的继承人有义务为其前任举办体面的葬礼。因此，卡利古拉命人火化了提比略的尸体，但同时遵循了人民的意愿，并没有在罗马露天剧场内进行火化。

在上位之后，卡利古拉着手开始恢复父亲日耳曼尼库斯的声誉，并以此作为他上台执政的有力理由之一。因此，在提比略的葬礼上，他并没有将重点放在对提比略的赞美上，而是追溯奥古斯都与日耳曼尼库斯两大家族的过去，试图在自身与朱利安家族之间建立联系。这个计划的第一步，就是要拿到在提比略葬礼上念祷告文的权力。因此，尽管民众们对提比略怨恨很深，卡利古拉还是要为提比略举行国葬，并将他的骨灰摆放在奥古斯都的墓群之内。

并且，卡利古拉开始不遗余力地组织各种形式的政治游说活动。例如，他追回了曾经被提比略迫害过的亲戚的遗体，并将这些人的骨灰放置进奥古斯都家族的陵园。其中包括他的两个兄弟德鲁索斯和尼禄·日耳曼尼库斯及他们的母亲阿格里皮娜。起先，卡利古拉由此在民众之间备受好评。然后，不能否认的是，在接下来的统治中，卡利古拉同样实行了恐怖政策，民众们认为他并没有继承父亲的善良，而将其视为暴君。

除了给予死者的荣誉之外，他还赐给了在世的亲戚一些新的头衔。例如，他为祖母安东尼娅授予奥古斯塔（Augusta）头衔，使自己的祖母与利维亚齐名，并任

禁卫军——在王位继承过程中的关键角色

在公元 21 年至 23 年，提比略在塞扬努斯的建议下，组建了九支禁卫军，并将他们派遣驻扎在罗马不同的地方。提比略从骑兵军队中挑选了两名将领作为禁卫军的头目。随后，禁卫军的权力越来越大，以至于在公元 312 年，皇帝君士坦丁解散了这支特殊的军队。

禁卫军是驻扎在罗马境内的唯一军队，因此，对政府有着很大的影响力，他们是君主制的有力依靠。因此，提比略向军队士兵发放了很多钱，以保证军队内部对自己绝对的忠诚。随后，禁卫军在罢免卡利古拉与支持克劳狄上位的过程中起了至关重要的作用，并有力地摧毁了近卫军长官埃米利乌斯·勒图斯和皇帝情妇玛西娅共同策划的针对康茂德（Commode）的阴谋。

插图 在广场中发现的浅浮雕（收藏于巴黎卢浮宫博物馆）。

命自己的叔叔克劳狄为地方执政官。还有卡利古拉的三个姐妹德鲁西拉、阿格里皮娜和利维拉，他授予了她们维斯塔贞女的头衔，与修道院一样的权利。而且，卡利古拉收养了提比略的儿子提比略·吉梅卢斯，并封他为青年王子。

困扰卡利古拉的疾病

卡利古拉执政后颁布的一系列法令都是为了改善与元老院贵族阶级之间的关系，并平反了提比略统治时期大大小小的冤案。为了安抚被指控的元老院成员与骑士们，卡利古拉撤销了所有正在诉讼程序中的案件，这一点与刚上台执政的提比略有些相似。但公元 37 年 9 月，人们开始在文学作品中猛烈抨击其暴君形象，卡利古拉得知这件事后十分生气，生了一场大病，并险些因此丧命。当时有些人称卡利古拉患上了严重的精神疾病，由此可以解释后来《卡利古拉传》中的一些极端残暴的情节。塔西佗却不这么认为，并指出这些关于提比略、卡利古拉与后来的皇帝克劳狄和尼禄的故事都是被伪造的，人们带着“非常强烈的怨恨”改写了历史。虽然这些史学家在卡利古拉生病的缘由上意见不一，但是他们对这位皇帝总的看法却出奇地一致。在他们眼里，卡利古拉在经济上监管不力，并且大兴土木举办各种纪念仪式；在文化建设上失职，并且在政治治理上也是一位无能的君主。因此，在卡利古拉的统治时期，我们也可以清楚地看到罗马的民主制度一步步衰落，并消失殆尽。

公元 37 年年底，卡利古拉的病情加重，如何挑选继任者成为当时最棘手的问题。马克雷恩和西兰努斯是卡利古拉任命的禁卫军首领，他们二人都支持提比略·吉梅卢斯（Tiberius Gemellus）成为王位的继承者。然而，卡利古拉希望将自己的所有财产及整个罗马帝国交给自己的姐姐德鲁西拉（Drusilla），再由自己的姐姐选择自己的丈夫马库斯·埃米利乌斯·雷必达（Marcus Aemilius Lépide）或者自己的子女成为国家继承人。为了使民众接受，卡利古拉赋予了三个姐姐格外的荣誉，使得她们可以与皇后平起平坐，并且选择了自己的三位姐姐作为遗嘱的见证人，这一幕也曾被雕刻在一些罗马文物上。同时，卡利古拉也希望自己的姐姐们中能有一位当选王位的继承者。

但是，卡利古拉对自己家族内女性的偏心马上就招来了民众的热议。人们都认为他有乱伦的嫌疑。即使已经确定了几位王位候选者，但是人们还是对这件事议论纷纷。提比略的儿子吉梅卢斯因为忍受不了非议，在家中自杀。那些曾经支持他的人没了靠山，在行政系统中被除名。卡利古拉的姐姐德鲁西拉是罗马历史上第一位被选为国家继承人的女性，也于公元 38 年 6 月 10 日突然去世。

巡视各省

在姐姐德鲁西拉死后的几个月里，卡利古拉开始对罗马各省份进行一一巡视。此前，在提比略统治时期，提比略从来没有离开过意大利。卡利古拉的这次访问也是开了罗马 55 年统治者的先河。卡利古拉选择西西里岛作为他路线的开端，并命人在岛上建造了一座大型港口，以便于从埃及向西西里岛输送谷物。在同年年末，卡利古拉决定继续征伐日耳曼地区，并向该地派遣了 20 万 ~ 25 万名士兵。

事实上，卡利古拉征伐日耳曼地区只是一个借口。他是想通过这场行动对抗莱茵省的长官塞尼乌斯・科尼利厄斯・伦图卢斯・加图利库斯，这位长官既是元老院的一员，也曾经是塞扬努斯的支持者。加图利库斯在当地密谋造反，但是他的计划提前传到了卡利古拉的耳中，于是卡利古拉准备在他行动之前先将加图利库斯定罪。在这之后，卡利古拉任命塞维屋斯接替加图利库斯的职位。此后塞维屋斯不断升迁，成为罗马政坛的重要人物，但是没过几个月就被撤职了。

此前，卡利古拉将自己继承人的决定作废，并通过联姻方式使得自己疏远了姐姐们与罗马皇室，并希望再寻找一个直接继承人来接替他的位置。这使得他的姐姐们对卡利古拉心生怨恨，于是联手雷必达企图谋反。卡利古拉提前发现了他们的阴谋，派人刺杀了曾经的好友雷必达，并将两个姐姐流放到了蓬廷群岛。

没有尽头的暴政

此前，卡利古拉取消了元老院和皇帝之间的分权制度，并将所有权力据为己有。罗马因此进入了一段政治黑暗的时期。尽管卡利古拉接受过以雄辩术为基础的教育，但是他后来极度推崇通过暴政治理国家，并在罗马实行了独裁统治。

我们可以通过卡西乌斯・狄奥、苏埃托尼乌斯、塔西佗、亚历山大的菲洛（Ale-

卡利古拉大事记

公元12年

盖尤斯·尤利乌斯·恺撒（卡利古拉），是日耳曼尼库斯与阿格里皮娜的儿子，也是提比略的孙子，出生于8月31日。

公元37年

卡利古拉成为第一执政官，但只持续了两个月。

公元40年

卡利古拉在日耳曼地区战胜，成功镇压了毛里塔尼亚与犹太人的起义。

公元41年

卡利古拉被禁卫军刺杀，他的妻子与女儿也被刺杀。

xo Philo）和弗拉维乌斯·约瑟夫斯的记载来了解卡利古拉是一个怎样的暴君。在卡利古拉执政的三年八个月中，他通过媒介的宣传，在人民之间树立了神权君主的形象。并且，他命人将自己的雕像放置在罗马的各个圣地内，还投入了大量资金举办他的登基纪念日。除此以外，他还实行了一系列极端恐怖政策，如下令处死所有的光头男子等。

此外，任何企图的起义都被极端暴力镇压。公元40年，卡利古拉以不合理的名目向人们征收高

卡利古拉

卡利古拉上台时，这位阿格里皮娜与日耳曼尼库斯的儿子已经25岁了。当时他在骑兵中的威望很高，人们都称他为卡利古拉，因为他儿时经常穿着一种与卡利古拉发音很像的凉鞋。提比略统治末期，人们已经对黑暗的政治环境苦不堪言，因此，卡利古拉一上台，就得到了民众的支持，人们将他视为新的希望。

插图 卡利古拉半身大理石塑像（现藏于威尼斯考古博物馆）。

宫廷的奢华服饰

罗马服饰非常重视纺织品的品质，所用的染料与采用的织法也体现出君主的低调。在这幅图中，奥古斯都只穿着利维亚（Livie）织的羊毛长袍。

然而，在当时，贵族阶级一般都穿棉麻或丝制的服饰。中国丝绸非常名贵，于是人们采用了一种替代面料，这种面料是橡树和水曲柳树上的幼虫的丝。罗马的典型服饰都是由一块大布制成的，人们将它披在身上，并用大头针或搭扣（fibules）固定（如下图所示），人们将它视为真正的艺术品。不仅如此，不同阶层的人会穿着不同样式、不同颜色的鞋子。例如，贵族们穿着凉鞋，以区别于平民。而执政官则穿着猩红色的鞋子。因此，换鞋在当时的罗马也意味着社会身份的改变。

①**托加** 这是一种传统的罗马服饰。罗马的贵族也会穿这种长袍。当时的罗马人死后也会穿着长袍入葬。

②**未成年男子的罗马长袍** 罗马，小孩与成年人的长略有不同。图片描绘的就尼禄成年时更换长袍的场景

额税款，为了不引起民众的注意，他命人用小字誊写税款公示。但是还是被细心的人发现了这项不合理的税款，并且召集其他罗马人到斗兽场示威。最后，卡利古拉声称随后示威群众被自己说服，自行解散了这场抗议。但是据卡西乌斯·狄奥斯记载：“示威群众其实是被卡利古拉恐吓而解散的，自此之后，所有人都保持沉默，再也不敢伸张正义了。”

此外，导致卡利古拉大开杀戒的还有很多其他的原因，如为了缓解国库的压力。在卡利古拉执政的第一年，提比略遗留了约27

③**女式宽袍（帕拉）** 在图中，利维亚穿的就是这种女式宽袍。这种线衣很长，一直到脚部，在肩膀的位置会有胸扣，而在腰部配以腰带收紧。

④**内长衣（突尼卡）** 这种服饰与公元1世纪的女性服饰相似，在胸口有展开的设计。但是男女都能穿，男性的内长衣短于女性的内长衣。

⑤**长外衣（斯托拉）** 这是一种长袖的女性服饰，与公元2世纪的女性服饰类似，袖子部分略有装饰。

亿塞斯太尔斯，但都被卡利古拉花光了。据苏埃托尼乌斯记载，“卡利古拉的花钱速度超过了所有人的想象力”。当时，卡利古拉命人建造了可以切换冷热水的浴池，并派人倒入被醋溶解的珍珠粉。而且，他以各种名义举办宴会，向客人们提供以金箔制成的食物，在皇帝兴致高涨时，人们可以从朱利亚大厅的高处向下扔金币，并称此为神圣的雨水。此外，卡利古拉还命人用宝石打造小船以供消遣。在大厅中殿内，卡利古拉派人建造华丽的浴池和廊柱，甚至命人在中殿内种植葡萄等各种果树。

卡利古拉和毛里塔尼亚王国

在公元前 33 年，毛里塔尼亚国王将毛里塔尼亚馈赠给屋大维。奥古斯都执政八年后，决定将该省交给朱巴二世统治。朱巴二世是马克·安东尼和克利奥帕特拉（Cleopatra）之女克利奥帕特拉·塞琳娜（Cleopatra Selene）的丈夫。

随后，朱巴二世将毛里塔尼亚王国与努米底亚王国合并，并建立了多个首都——伊奥勒（Iol），被称为凯萨雷（Caesarea）（现为舍尔舍勒）和沃鲁比利斯（Volubilis）（梅克内斯，见插图）。公元 23 年，朱巴二世去世，他的儿子托勒密（下图为在拉巴特考古博物馆保存的托勒密雕像）继位，并忠于罗马皇室。在努米底亚人领导的柏柏尔人起义期间，托勒密仍坚持抵抗。据塔西佗记载："当时，一位元老院成员送给了托勒密一个象牙权杖，被视为罗马最忠诚的盟友。"然而，卡利古拉命人秘密暗杀了托勒密，并吞并了毛里塔尼亚。根据苏埃托尼乌斯的说法，卡利古拉将托勒密骗到了里昂，然后杀死了他。克劳狄即位后，又将毛里塔尼亚分为了两个部分统治。

在国库出现亏损之后，卡利古拉想从人民手里获取钱财。于是派人给将死的有钱人送去下了毒的糖果加速他们的死亡，然后命人篡改他们的遗嘱，将自己改为遗产的继承者。不仅如此，在顺利得到遗产之后，还道貌岸然地谴责那些立遗嘱的人，说他们薄情寡义不顾及自己的后代。此外，他先是掠夺军队开支，随后又将范围扩大到了普通民众。卡利古拉颁布了新税法，这些税法涵盖了地产、商业活动等多个领域，无论是法官、贵族、妓女还是奴隶，都要缴纳高额税款。此外，他还强行拍卖斗兽场内存活下来的角斗士，卖方由抽签决定。当然，其中也不乏有一些主动以高价购买角斗士的人，他们都是想通过这种方式保住自己和家人的性命。

反抗暴君的计划

罗马民众为了维护自己的利益，决定反抗卡利古拉。另外，元老院的权力逐渐被弱化，也引起了其中成员的强烈不满。因此，双方决定合作。根据犹太历史学家记载，当时，卡西乌斯·切里亚（Cassius Chaerea）和科尼利厄斯·萨比努斯（Cornelius Sabinus）是两名军官，他们得到了百夫长和禁卫军的支持，准备起义。出人意料的是，卡利古拉的重臣也来支持起义的军队，并对他们说："我们听从卡利古拉的决定，不断地制造杀戮。迟早有一天，皇帝也会用同样的方法对待我们。"

卡利古拉统治期间东方信仰的引入

随着东方一些地区的商人、奴隶和士兵来到罗马，他们也带来了东方的信仰宗教。与罗马的官方宗教不同，他们允许接触世俗的乐趣。东方之神如伊希斯（Isis）或奥西里斯（Osiris），库柏勒（Cybele）和阿蒂斯（Attis）或密特拉（Mithra）等，他们同样面临生老病死的选择，也可以感知七情六欲。

在奥古斯都和提比略统治时期，当政者禁止东方宗教的传播，并开始对信教的人加以迫害。奥古斯都在罗马全城禁止伊希斯教的传播。提比略摧毁了塞拉皮斯（Serapis）在罗马的最大庙宇，并将其改建为自己的神庙。这座庙宇是于公元前 43 年在战神广场上建立的。与前两任执政者不同，卡利古拉将东方宗教节日纳入了罗马官方节假日。在官方日历中加入了伊萨克的庆祝活动，并重建了伊塞姆·坎普森（Iseum Campense）。据说，根据这些东方宗教的教义，新教徒在入教时需要用公牛的鲜血沐浴，他们会被安置在一个被木板部分覆盖的坑中，在这个坑中，人们也会放入处死的动物。在仪式上，新教徒还要高声诵读："随着扬琴的旋律，我慢慢进食，在这之后，我将掌握宗教的最终教义！"密特拉教是罗马帝国时期另一个接受度较高的东方宗教。它是在东方庞培运动时期传入罗马的。这个宗教吸收并改编了别国的神话情节。比如密特拉（Mithras）在峭壁处诞生，是被祭祀公牛的再世。

插图 代表密特拉的浅浮雕（现藏于罗马国家博物馆）。

他们得到越来越多人的支持后，开始秘密筹划刺杀皇帝的计划。切里亚作为皇宫的禁卫军首领，刺杀的机会自然很多。他们之所以选择等待，是在密谋一个更大的计划——彻底将罗马改朝换代。最终，他们选择在公元 41 年 1 月 2 日刺杀卡利古拉。当时，卡利古拉正在帕拉蒂尼山坡上的临时剧院观看演出。这对于起义者来说是个绝好的机会，因为帕拉蒂尼山坡恰好连接了广场和皇宫，人们可以快速及时地控制住暴君。后来，卡利古拉觉得演出无趣，决定返回皇宫，与他一同离场的还有

叔叔克劳狄、马库斯·维尼丘斯和瓦莱里乌斯·亚蒂克蒂斯。卡西乌斯·切里亚护送他们回去时，设计使卡利古拉和自己的亲戚从不同的路线回宫。卡利古拉因此落单，随后被叛军抓住。

卡利古拉的死有很多不同的版本，人们对于卡利古拉在什么地方被刺意见不一。卡里古拉死后，他的妻子卡桑尼亚·米隆尼亚（Caesonia Milonia）和女儿德鲁西拉也相继被杀。在行刺过程中，有一些起义军被皇帝的护卫杀害，但新的一批起义军很快就来了，从皇宫、剧院再到集会广场都被他们包围了。不到几个小时，皇帝被刺杀的消息就传遍了整个城市。然而起义者的神经一直处于高度紧张的状态，他们并没有刺杀成功的喜悦，他们害怕遭到卡利古拉余党的报复。

卡利古拉被刺杀

英国画家劳伦斯·阿尔玛·塔德玛（Lawrence Alma-Tadema）在自己的作品中描绘了卡利古拉被刺杀的场景。当时，刺客刺杀成功，正与同伙大肆庆祝。而新任皇帝觉察到了这一切，提前躲在了窗帘后面（现藏于沃尔特斯美术馆，巴尔的摩）。

克劳狄娅水渠

该渡槽由克劳狄命人修建，以解决城市内用水短缺的问题。

插图（右侧） 一枚关于克劳狄的宝石，克劳狄在宝石的右侧，旁边的是他的哥哥日耳曼尼库斯与他们的妻子（现藏于维也纳艺术史博物馆）。

王座上的智者

罗马经历过提比略和卡利古拉两代暴君之后，克劳狄登上了王位。与前任不同，克劳狄博学多才，以富有教养著称，并因此迅速获得了民众与禁卫军的支持。克劳狄的身体不好，他将所有的精力都投入恢复法制建设上。不仅如此，他还是民众主义的倡导者，并建立了一个由恢复自由后的奴隶组成的行政机构。不幸的是，他的最后两任妻子梅萨利纳与小阿格里皮娜都野心极大，并最终导致了克劳狄的衰弱和死亡。

在人们反抗卡利古拉的行动成功的第二天，50 岁的克劳狄得到禁卫军和民众的支持，自立为王。但是，当时的大多数文学作品都出自元老院阶层之手，他们否认卡利古拉在罗马实行的独裁统治，并以戏谑的口吻描述克劳狄的反抗斗争。

根据他们的说法，克劳狄只是卡利古拉一派的幸存者。当时，也参与阴谋的克劳狄本应逃跑，但是他太过惊慌，便藏在了皇宫中某一房间的窗帘后面。直到一名

罗马历史上最博学的皇帝

根据卡西乌斯·狄奥记载，克劳狄“非常聪明，他的智慧得益于持之以恒的学习”。他的一生中，不仅对历史研究表现出极大的兴趣，还非常喜欢研究各类语言。这是受到了他身边人的影响，如他的朋友蒂托·李维与曾教导他的老师们。他们向克劳狄提供了 20 本有关伊特鲁里亚语言和文化的书籍，以及与迦太基有关的 8 本书籍。

这些关于伊特鲁里亚人和迦太基人历史的著作都是用希腊语写的。此后，克劳狄用希腊语为他的兄弟日耳曼尼库斯写了一部喜剧，还用拉丁文写了一部罗马历史。这部历史书共分为 43 册，内容从恺撒的刺杀事件一直到奥古斯都帝国结束。在书中，他揭示了他家庭历史上最黑暗的一幕，但对他的祖父马克·安东尼表现出明显的敬意。克劳狄对罗马的历史充满了兴趣，并将杰出的历史学家的后代（如西塞罗的朋友奥卢斯·凯西纳［AulusCæcina］或密友维纳约［Venaio］）安插在政府机构的高层。克劳狄专注于语言研究，并在拉丁字母中增加了新字符，这份新的字母表在当时的罗马广为流传。此外，克劳狄还专门在元老院发表了关于字母的演讲。他的演讲被塔西佗记录在当时的年鉴里。

插图 在萨索斯岛发现的克劳狄肖像（藏于卢浮宫博物馆，巴黎）。

哨兵找到他并将其送到了安全的地方。在刺杀卡利古拉的前夜，元老院召开了全体会议，共同商讨国家日后的治理问题。当日，元老院成员意见不统一，一部分以马库斯·维尼丘斯、瓦莱里乌斯·亚蒂古斯和卢修斯·安尼乌斯·维尼修斯为首，主张重建罗马共和国，而另一些人认为克劳狄是克劳狄家族的唯一后裔，理所应当继任罗马皇帝。当时，为了得到禁卫军的支持，克劳狄承诺向每位士兵发放 1.5 万至 2 万塞斯太尔斯的酬金，相当于之前禁卫军的年薪。因此，禁卫军首先向元老院施压，并要求当时会议的调解人犹太国王希律·阿格里帕向与会人员传达他们的愿望。迫于军队的压力，元老院不得不接受克劳狄成为新一任皇帝的决定，即安东尼娅和德鲁索斯家族的最后一位男性后裔——克劳狄为新皇帝。

治理有道的“白痴国王”

克劳狄于公元前 10 年 8 月 1 日出生于里昂。当时还是奥古斯都统治时期，克劳狄的父亲尼禄·克劳狄乌斯·德鲁索斯是提

克劳狄大事记

公元前10年

克劳狄在里昂出生。

公元19年

他的兄弟日耳曼尼库斯去世，阿格里皮娜的支持者转而拥护克劳狄上台执政。

公元41年

卡利古拉被刺杀，克劳狄成为皇帝。同年，他的儿子布里塔尼古斯出生。

公元48年

他的第二任妻子梅萨利纳阴谋曝光，克劳狄下令将她处死，并与小阿格里皮娜再婚。

公元54年

11月13日，克劳狄被人下毒，死于非命。

比略的兄弟，也是利维亚的儿子，因此掌管了当时的骑士军团。德鲁索斯坚持共和理念，并主张重建罗马共和国。克劳狄的母亲是小安东尼娅，即马克·安东尼和小屋大维娅的女儿，也是奥古斯都的侄女。

克劳狄成年后，目睹了叔叔提比略势力的逐渐衰落，也看见了提比略被侄子卡利古拉杀害的悲惨结局，虽然克劳狄保住了性命，但是经历了四年的眼盲。克劳狄小时候曾患过一场大病，这种疾病导致他时常癫痫发作，发病时，克劳狄浑身抽搐，并留下了口吃、左腿瘫痪的后遗症。塔西佗等人曾以此公开反对克劳狄成为继任皇帝，他们认为克劳狄不具

克劳狄的神化

后世将象征罗马的雄鹰作为克劳狄的标志，并将他与神灵放在一起谈论。在这块玛瑙上，克劳狄的雕像带有明显神化的特征。他的儿子尼禄与元老院成员也认为克劳狄在死后便成了神灵。

皇帝的个人崇拜

罗马刚刚摆脱了卡利古拉的黑暗统治，急需稳定这来之不易的和平局面。因此，人们选择用信仰辅佐政治宣传。克劳狄每宣布一项新的政策时，都会命人举办相应的庆祝活动，以加强民众对自己的认同感。无论是军队获胜、新政出台，或是皇室的重要日子，克劳狄都会举办一系列庆祝仪式。这种神化皇帝的做法也得到了元老院的认可，并在皇帝名字中增加了“divus”的头衔，意味着他们与神灵地位相当。

然而，这种英雄的裸体并不具有神化的特点，而是尽可能地表现人的特点。

“非正统”的家神

安提诺乌斯（Antinous）的死因成谜，自此以后，皇帝将他神化，以向民众讲述他的痛苦与情绪。这样的做法还有很多，只限于皇室内部成员。这尊雕像将他赋予了阿波罗的特点（现藏于的黎波里考古博物馆）。

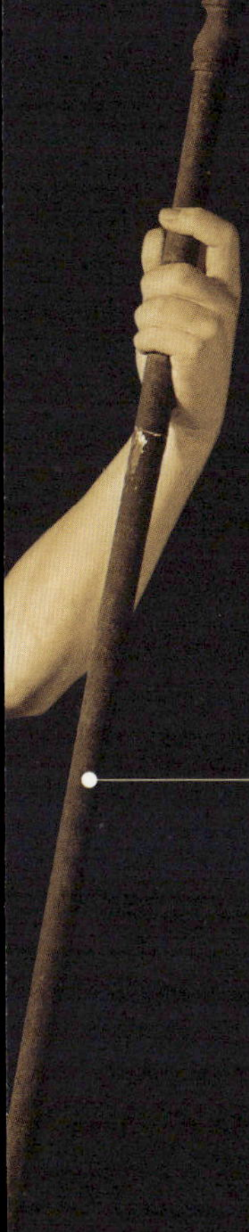

这座雕像中克劳狄的橡树冠现存于梵蒂冈博物馆中，表示着克劳狄的战功卓著，而他手中的长矛则象征着他非凡的领导才能。

①英雄或神　按照公元前2世纪希腊亚历山大大帝时期定下的皇帝肖像标准，皇帝通常是裸体出现，或者仅披上一块垂布。

②祭酒器　皇帝作为当时的大祭司，在手中端着一个祭酒器皿，在仪式上，他利用这个祭酒器向神坛祭酒，以求和平。

鹰　在这里，雄鹰层含义。一方面，征着被朱庇特神加的皇帝，是正义的。另一方面，它起动作象征着皇帝的会升天，表示皇帝族的一员。

④大衣　这种大衣通常在左臂处卷起，带有明显的希腊风格。有时，人们还会在这基础之上加入披风的元素，作为将军的服饰。

皇帝们的神庙

罗马帝国东部各省的殖民地和直辖市率先建立了供奉罗马皇帝的神庙，以表示自己的忠诚。随后，其他省份也效仿了这个例子，纷纷为皇室成员建造神庙。例如，克罗地亚的普拉神庙。为了不被人们指责自私，此类建设项目的资金必须事先得到皇帝批准。因此，地方经常派出使臣前往罗马，以说服皇帝兴建神庙。例如，在公元25年，提比略当时被元老院指控有独裁的嫌疑，拒绝了兴建神庙的请求，并且不允许人们将自己的雕像与神像放在一起。后来，图拉真也拒绝了人们为自己建立神庙的请求。

备治理国家的能力，并且如此残疾的君主形象会使国家失去尊严。

不仅如此，就连克劳狄的母亲都将他定义为“极具讽刺意义的君主形象”或“自然的错误”。但是他并没有因此气馁。克劳狄成为继任国王绝非偶然。确实，克劳狄因为身体的特殊条件而内心极度敏感，并从未得到自己家族及社会给予的尊重，但他仍是一个充满智慧且有教养的人，他经历了罗马最动荡的时期后，极力反对专制独裁，致力于恢复罗马应有的和平与正义。

罗马在被塞扬努斯控制时期，克劳狄退出政治生活。随后，卡利古拉又将其任命为地方行政官，但克劳狄仅任职了 3 个月。次年，克劳狄与小安东尼娅的孙女瓦莱里亚·梅萨利纳（Valeria Messalina）结婚，从而使帝国王室内出现了新血统。

克劳狄对专制统治的黑暗深有体会，在他被任命为朱里亚·克劳狄王朝的继承人后，他十分犹豫是否要维持君主专制的局面。因此，在他继位之后，实行了相对温和的政策，并希望以此恢复罗马的和平与正义。根据塞涅卡的说法，克劳狄上台后首先废除了卡利古拉采取的所有措施，“为所有被那些黑暗年代沉重打击的人重新带来了光芒”。他使得曾经被无故迫害的人重获自由，并废除了不合理的惩罚制度，同时对倡导共和体制的人予以尊重，承诺王权并不会侵犯民众的合法权利。

随后，克劳狄撤销了卡利古拉时期不公正的司法程序。曾经一些反对卡利古拉的人同样对克劳狄表示不满，虽然遭到了克劳狄的制裁，但这些制裁仍是通过公正的司法程序进行的。

为了表明他的孝顺和对家族的忠诚，克劳狄授予母亲安东尼娅奥古斯塔的称号，并将他祖父马克·安东尼与父亲德鲁索斯的生日设立为节日，并每年在那天组织马戏表演。不仅如此，他还授予祖母利维亚女神 diva 的称号。苏埃托尼乌斯对他评价道：“克劳狄淡泊名利，在他的一生中，除了在战胜凯旋时，他从不以皇帝自称。不仅如此，他还拒绝大操大办，克劳狄的女儿结婚和产子时，他只在家庭内部举办了简单的仪式。”

为罗马人民服务的新政策

克劳狄十分尊重元老院的地位，但并不意味着向元老院绝对服从。一方面，他恢复了元老院对法律议案的投票权。但另一方面，克劳狄是罗马的执政官，是政府和军队的统领者，依然对元老院的权力起制衡作用。公元 47 年，克劳狄利用元老院检察官的身份撤掉了几位元老院成员的职位，并调用了几名外省的地方行政官取而代之。

里昂是克劳狄的故乡。后来，人们在那里的一块青铜匾上发现了元老院对高卢人开放的宣告。牌匾主要是说克劳狄授予了高卢人可以获得元老院职位的权力。后来，人们推测这份宣告是公元 48 年前后克劳狄在元老院前的讲话，并意味着当时王权依然处于优势地位。

人们将克劳狄的这一项决定视为他在位期间最重要的创举。这意味着地方行政官自此可以当选元老院成员或者法官，并以此获得市民权。

塞涅卡对克劳狄评价道：“克劳狄一生勤奋学习，由此获得了良好的修养。不仅如此，克劳狄还致力于拨乱反正，坚持正义，以恢复罗马正常的社会秩序。”克劳狄还制定了一系列对弱势阶层有利的政策。例如，人们不能随意抛弃生病的奴隶，否则，将会视情节的严重对奴隶主定罪。如果被抛弃的奴隶因此死亡，奴隶主会被处死；如果被抛弃的奴隶随后被治愈，奴隶主的财产会被没收。不仅如此，克劳狄还对政府机构进行了改革，以保证行政系统的高效运行。他要求各省执政官长实行轮换制，并在每次开会时检查元老院各成员的出席情况。

不仅如此，克劳狄还致力于保护罗马的古建筑。曾经，有一位名叫阿里阿特里乌斯·塞卢斯（Aliatorius Celsius）的贵族，他低价购入土地，拆除原有的建筑物，清除残骸，然后再以高价卖出，以此获利。克劳狄发现后严惩了这位贵族，并由此建立了相应法律。克劳狄在法令中说：“从此以后，每个人都应该制止这种行为。为了世界文明的辉煌，我们不应该一味拆毁，而是要对过去的建筑加以利用。”

克劳狄还继承了奥古斯都和恺撒时期的传统，重新开启他们五十年前的计划。例如，进一步安抚不列颠地区，并为了确保谷物供应，他下令抽干富辛湖，兴建奥古斯丁港口。为了改善人民的经济状况、提高生活水平，他大兴水利工程，以确保城市的供水。他新建立了大型引水渠，并完成了卡利古拉时期没有完成的水利计划。

克劳狄时期的家庭住房

由于罗马土地价格持续上涨，集体住宅的建设发展迅速。

通常，这种房屋有四五层，由几个小房间组成，人们可通过走廊或外部楼道进入。一楼是唯一有水和厕所的楼层。较高楼层的房间窗户较少，没有卫生设施。在奥古斯都大帝时期，建筑物的高度被限制为 18 米，但实际上楼房都大大超过了这个限制，于是经常发生房屋倒塌的情况。公元 64 年，尼禄规定每两座建筑物之间必须间隔 3 米，并要求在建筑物表面必须修建门廊，以方便救火的人进出。而那种古希腊风格的房屋，带有中庭和围墙，通常是富有公民的房屋。

布里塔尼古斯

布里塔尼古斯是克劳狄的儿子。这是少年布里塔尼古斯的形像。描绘的是战胜归来被父亲亲自加冕的王子。他身穿长袍，风度翩翩。然而，克劳狄并没有保护住自己的儿子，他的第四任妻子小阿格里皮娜和她的儿子尼禄设计害死了布里塔尼古斯。随后，尼禄继承了王位（雕像来自梵蒂冈）。

克劳狄的婚礼

然而，各史学家对于克劳狄总体的评价都出奇的一致：克劳狄是一位傀儡皇帝。据历史学家记载，克劳狄的妻子野心极大，她不仅操控了自己的丈夫，也操控了自己的儿子们。早先，克劳狄有过两次政治联姻，这都是为了获得罗马城内显赫家族的支持。他的第一个未婚妻是奥古斯都的曾孙女，但其母亲随后因叛国罪被流放，两人的婚姻也因此作废。

他的第二个未婚妻是卡米尔家族的后裔利维亚 · 梅杜利娜（Livia Medullina），但是不幸的是，梅杜利娜

①**门廊** 尼禄颁布了新的房屋建造标准，所有建筑物的外墙必须建造门廊，以支撑墙体的压力。

②**门框** 建筑物的窗户大多朝向街道或者内部庭院。一些罗马贵族还会建造一个内部花园。

③**屋顶** 建筑物的屋顶由木头制成，并覆盖有平坦的黏土砖（tegulae）。它们通过拱形瓷砖连接在一起。

④**阳台** 二楼有一个沿着外墙的阳台。阳台的主要建筑材料是水泥和砖头。

⑤**楼层** 这些建筑物共有五到六层。在卡比托利欧山附近仍可以发现保存良好的罗马古房屋建筑。

在婚礼前的几小时去世了。

同样的不幸也发生在克劳狄的第三个未婚妻普拉蒂娅・乌古拉尼拉（Pluutia Urgulanilla）身上。乌古拉尼拉是利维亚好友的女儿。他们的婚礼原本按计划应该在公元 8 年至公元 12 年间举行，然而，在政治利益面前，克劳狄取消了这场婚姻，转头向塞扬努斯家族请求政治联姻。最终，克劳狄与他的第四个未婚妻莉亚・帕蒂娜走进了婚姻的殿堂，并很快有了他们的女儿克劳狄娅（Claudia）。但是，人们并不看好克劳狄的这段婚姻，并认为莉亚・帕蒂娜与一个名叫博特的自由奴隶有染，女儿克劳狄娅因此被传闻是她与奸夫的私生子。这种传闻愈演愈烈，最后，克劳狄娅被克劳狄抛弃，并派人将她放在了帕蒂娜的门前，克劳狄与帕蒂娜的婚姻仅仅持续了三年。公元 39 年，克劳狄与莉亚·帕蒂娜离婚，并迎娶了奥古斯都家族的瓦莱里亚·梅萨利纳（Valeria Messaline）。

然而，好景不长，十几年后，梅萨利纳与情人盖尤斯·西留斯密谋政变，想要确保自己儿子布里塔尼古斯成为王位的继承人。克劳狄提前知晓了他们的计划，并下令将主要谋反者处死。

此后，克劳狄别无选择，只能迎娶自己的侄女小阿格里皮娜。在与克劳狄结婚之前，小阿格里皮娜有过一段婚姻，并生下了儿子尼禄（Nero）。她的前夫名叫多米提乌斯。当时，多米提乌斯的名声十分不好，人们都将他表述为“一个道德败坏且不诚实的人”。

但是，克劳狄的两任妻子梅萨利纳与小阿格里皮娜都对当时的罗马社会产生了很大的影响。在与克劳狄婚姻期间，她们为了保证各自的儿子能成为王位继承人，都设计拉拢被释放的奴隶，并给予他们在罗马行政系统高层工作的机会，并为此不惜与元老院的贵族阶层作对。

毛里塔尼亚和巴勒斯坦

在卡利古拉统治晚期，当政者不得民心，势力减弱，罗马与其他行省的关系也日渐恶化，这种状态一直持续到了克劳狄上台，那时候整个国家仍处于社会无序的状态。

自共和时期以来，毛里塔尼亚就与罗马保持着非常友好的关系。因为当地的执政者朱巴二世是奥古斯都的学习伙伴，两人因此结下了深厚的友谊，奥古斯都执政后，授予了朱巴二世毛里塔尼亚的管辖权。然而，朱巴二世（Juba Ⅱ）的儿子托勒密（Ptolemy）被卡利古拉暗杀，当地民众由此起义反对罗马。公元 41 年至公元 42 年，克劳狄先后分别派遣了盖尤斯·苏埃托尼乌斯·保利乌斯（Caius Suetonius Paulius）和霍西迪乌斯·盖塔（Gaius Hosidius Geta）镇压叛乱，并取得了成功。

希律·阿格里帕——一个生活在克劳狄皇宫的犹太国王

在亚里斯多德四世（Aristobule Ⅳ）之后，犹太王子被控叛国罪，他密谋背叛自己的父亲大希律王，于是在公元前7年被判处死刑。他的儿子希律·阿格里帕被送往罗马，在皇室长大。提比略将其视为自己的亲生儿子，并抚养其长大。当时，希律在宫内与提比略、哥哥德鲁索斯关系极好，德鲁索斯年长他四岁，而克劳狄与希律同岁。

德鲁索斯死后，希律被迫离开罗马。他在伊杜梅度过了几年时光，又重返罗马。这次，提比略任命他为自己孙子的老师。在罗马逗留期间，希律曾与卡利古拉打过几次交道。然而，卡利古拉给他的印象并不好，在他看来，卡利古拉是一个极其古怪的人。随后，提比略向希律授予领土，并任命他为国王。卡利古拉死后，希律拥护克劳狄上台。克劳狄将犹太和撒玛利亚的领土送给了希律。从此，希律（左图，藏于耶路撒冷以色列博物馆）成了东部最强大的国王。然而，公元44年，在为克劳狄组织的一次庆祝活动上，希律突然逝世。

毛里塔尼亚的叛乱被镇压后，被分隔成了廷吉塔纳-毛里塔尼亚（Maurétanie tingitane）和凯萨雷纳-毛里塔尼亚（Maurétanie césarienne）两个地区，并确定各自的首都分别为廷吉斯和凯萨雷亚。克劳狄还从骑士阶层中挑选了两名将领作为执政官。

在此之前，安提阿科斯四世（Antiochos Ⅳ）作为地方执政官掌管着东部地区，但随后被克劳狄免职。三年后，安提阿科斯四世重新被重用，并重新担任起东部地区的执政官。这一次，他不仅掌管着原来的领土，还吞并了西里西亚的一部分土地。当时，西里西亚被多方吞并，还有一部分被并入了波利蒙王国。另外，巴勒斯坦地区当时的执

巴勒斯坦的恺撒利亚

希律·阿格里帕的祖父大希律王建立了这座位于地中海沿岸的城市。公元前13年，这座城市被选为地方首府，人们在当地修建了皇帝的行宫。除此之外，人们还修建了斗兽场。图片上正是斗兽场的废墟（第130页）。

政官是希律·阿格里帕，他是大希律王的孙子，也是克劳狄儿时的伙伴，两人曾在安东尼娅的庇护下一起长大。克劳狄上台时，罗马内忧外患，希律·阿格里帕仍坚决地支持他成为王位的继任者。后来，克劳狄为了感谢希律的支持，将犹太、萨马里亚及黎巴嫩地区的管辖权交给了希律。然而，公元44年，希律去世，他的儿子阿格里帕二世（Agrippa Ⅱ）继位，但是阿格里帕二世并没有完全掌管巴勒斯坦地区。巴勒斯坦的一部分领土被并入了罗马帝国，被罗马居心不良的大臣掌控。

亚历山大的起义

克劳狄统治的第一年，新任的地方行政官加大了征税力度，这种财政压力和政治不自由的环境使得希伯来人对罗马的统治产生了仇恨。渐渐地，犹太人的不满声在罗马内部此起彼伏，不满的民众集中在亚历山大和希律曾经的管辖区域。

公元38年，民众被埃及的地方行政官弗拉古斯鼓动，在当地的希腊社区内掀起了一波反犹的暴力活动。这个仇恨的根源可以追溯到卡利古拉执政时期，当时为了缓解亚历山大地区两个文化和宗教团体之间的紧张局势，罗马向当地派遣了一个维和使团。这个使团由希腊代表阿皮翁（Apion）和犹太代表菲洛（Philo）组成。希腊代表阿皮翁称犹太人拒绝树立各种形式的罗马皇帝雕像（这与犹太人的祖先法律背道而驰），这一点是他们对罗马的大不敬。随后，卡利古拉驱逐了菲洛和代表团的其他成员，并命令叙利亚总督彼得罗努斯（Petronius）带兵镇压犹太人。

为了尽快结束亚历山大地区持续多年的宗教冲突。在阿格里帕二世的建议下，克劳狄给亚历山大的希腊人写了一封信（现藏于大英博物馆），试图唤起他们的宗教宽容意识来解决这个问题："现如今，这已经不单单是宗教冲突这么简单了，这是一场人民内部的战争。尽管我对那些激进的犹太人的做法感到愤怒，但我并不打算继续追究。我最后一次警告你们，如果你们继续用极端行为做不利于和平的事，那就会彻底激怒政府。"在同一封信中，克劳狄也重申了亚历山大人民应有的权利，并声明从维护和平的角度出发，政府会进一步进行改革。

克劳狄与奥古斯丁港的翻新

奥古斯都时期的地理学家认为，应该在奥斯提亚安提卡附近修建一个港口，以保证罗马充足的粮食供应。台伯河床中积聚的沙土及其河口宽度不足（大约100米），使得人们难以操纵吃水深的船只。

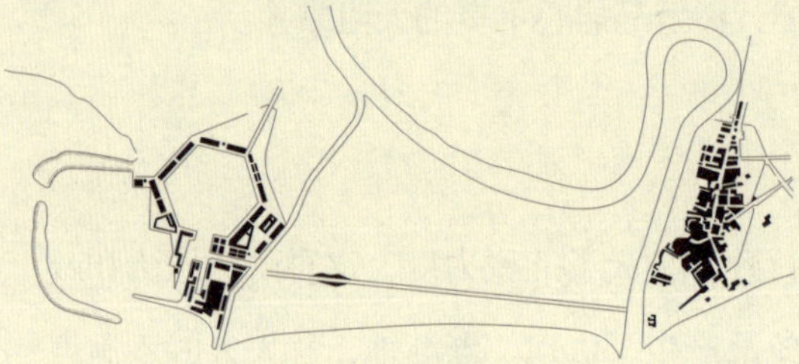

运往罗马的大部分货物都能被顺利运送到坎帕尼亚的普图利港，然而到达奥斯提亚安提卡的船只却少之又少，只有一些体积较小的船只才能进入。公元42年，粮食短缺，克劳狄命人在台伯河入海口处修建了一个更安全的港口。这个港口是在尼禄的组织下完成的，被称为奥古斯丁港。公元106年，图拉真（Trajan）建造了一个新的六边形港口，六角形设计，内部更宽敞安全，右图便是这个港口的图片。

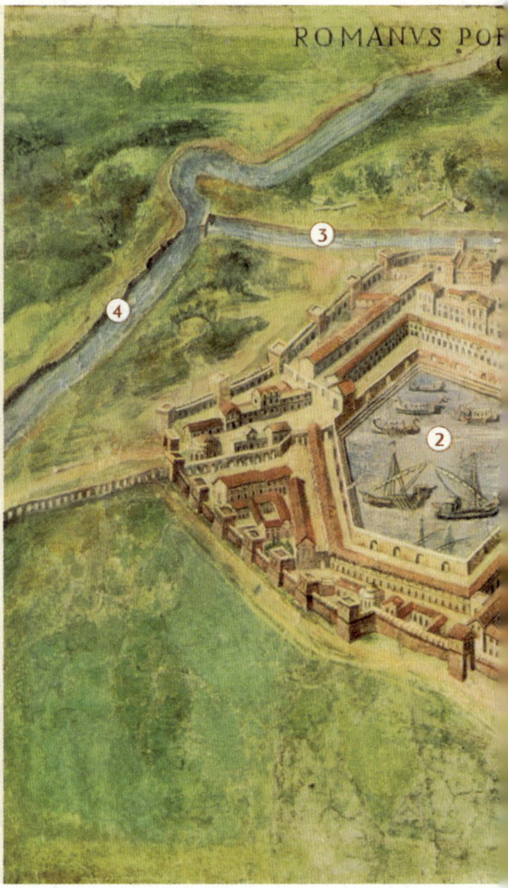

公元53至54年间，犹太人与亚历山大民众之间的矛盾更加激化。罗马政府再一次向当地派遣了一名新的大使。大使主要负责组织两方的和平谈判，但这场谈判并没有实质性的进展，最后以处死一名曾经在公开场合侮辱皇帝的体操运动员而告终。

据苏埃托尼乌斯记载：“克劳狄后来将犹太人驱逐出了罗马，这使得犹太人更加激进，并发起了接连不断的起义。其中不乏有一些居心不良的人，如克鲁斯图斯，他在犹太人当中不断煽动不满情绪，鼓动暴乱，以达到自立为王的目的。”

①**奥古斯丁港**　这个港口在克劳狄的倡议下修建。这个港口有着很长的河堤，以抵挡海浪的侵蚀。然而，这个港口太浅、占地面积太大，存在不少隐患。公元62年，200艘装载谷物的船只在此沉没。

②**特拉亚努斯港**　公元106年至113年间，人们又修建了一个占地32公顷的六边形港口，是当时罗马的第十个港口，它通过一条运河与奥古斯丁港和台伯河连通（运河的建设也由克劳狄发起）。

③**运河**　这条运河将图拉真（Trajan）港口与台伯河连接起来，这一过程形成了一个人造岛屿。在这个小岛上，人们发现了罗马时期的墓群。

④**台伯河**　台伯河的入海口只有100米，并且深度不够。公元1557年，海水的一次涨潮改变了河水的流向，并且使得一座地下古城重见天日。

⑤**灯塔**　这里的灯塔如今已经不见了。当时，灯塔在克劳狄港的左侧，由三个大小不一的立方体组成。在灯塔的上方，有一簇明火，在方圆45千米内，人们都可以看见这团火。

公元 42 年的饥荒

亚历山大冲突结束后不久，受粮食短缺的影响，罗马各地区经历了一场大饥荒，使得人口迅速减少。这其中最为严重的是当时的巴勒斯坦地区。

据弗拉维乌斯·约瑟夫斯记载，当时底格里斯王国的女王阿迪亚贝娜想要帮助耶路撒冷地区渡过难关，她向当地送去了购买的小麦与无花果干。同时，在罗马，克劳狄决定将之前恺撒的兴建港口计划提上日程，想要通过这项计划彻底解决小麦供应问题。当时，埃及是罗马的主要粮食供应地区，但是在 3 月到 10 月间，两地无法通过水路运输小麦。于是，克劳狄命人开始建造奥斯蒂亚（Ostia）港，旨在使船舶安全进入台伯河的入海口，并且建造了很多用于存储粮食的仓库。

在这个项目中，主要的资金被用于河堤的修建。该项目成本巨大，其中包括建造一个长码头，该码头划定了一部分海面，在其中心创建了一个人造小岛，并在其上安装了巨大的发射塔。这个信号塔由水泥制成，并被制成了罗马典型的方尖碑的样子。

在施工过程中，克劳狄身体力行，并说服非洲地区向罗马运送小麦，以抗击饥荒。为此，考虑到运输过程的不易，克劳狄承诺向来往的商人发放津贴；不仅如此，如果人们在行船过程中不幸遇到暴风雨，所有损失都由罗马政府支付。

受民众主义启发，克劳狄还在被释放奴隶纳尔西塞的帮助下组织了 3 万名工人，这些人在 11 年的时间里挖了一个长 5000 米、深 30 米的地道，这项工程是为了将水从富辛湖输送到利里河，以灌溉麦田。随后，人们将它命名为克劳狄娅水渠，该水道每天能在超过 70 千米的距离内提供近 192 立方米的水。

远征不列颠

朱利安家族的伟大计划，不仅是兴建大型工程，还包括对罗马疆域的扩展。

自恺撒时期，人们就希望征服不列颠地区。卡利古拉继任后，仍继续实行了恺撒先前的计划。公元 43 年，克劳狄将征服不列颠作为当时政治的首要目标。自公元 30 年起，卡特维拉乌尼国王卡拉塔科斯就与自己的兄弟多哥杜努斯一起分管不列颠。潘诺尼亚的前地方行政官奥鲁斯临危受命，带领四队骑兵前去征战。起先，奥鲁斯的征战并不顺利，敌方军队得到了日耳曼人民的支持，拥有擅长潜水的士兵，在海上作战中屡屡获胜，并成功将罗马军队逼退到了梅德韦河流域以外。但是奥卢斯仍然坚持作战，与他一同作战的，还有未来的罗马皇帝提图斯 · 弗拉维乌斯 · 维斯帕西安努斯（Titus Flavius Vespasianus），也就是韦帕芗。

后来，出征不列颠的军队战败，撤退到了泰晤士河口附近，并且准备为战死的将军多哥杜努斯报仇。见此情形，奥鲁斯急忙派兵返回罗马传信。克劳狄收到消息

恺撒的遗愿：征服不列颠

无论对恺撒、奥古斯都还是卡利古拉来说，征服不列颠都是一个未了的夙愿。最终，克劳狄于公元 43 年完成了这一目标。在此之前，由于罗马在公元前 1 世纪开始实施保护国政策，因此只和一些附庸部落建立了紧密的联系。

恺撒在高卢征战之时便野心勃勃地想征服不列颠岛。他曾于公元前 55 年和公元前 54 年两次远征不列颠。尽管没能成功，但他还是设法和某些部落建立了附庸关系。这些部落由于在公元前 54 年—前 53 年恺撒镇压高卢叛乱期间表现出对罗马的极度忠诚，因此得到了免于纳税的嘉奖。在奥古斯都执政时期，他曾经三次派兵征服不列颠，然而，罗马的内战使他耽搁了自己的计划。在提比略的统治下，罗马舰队曾短暂登陆了不列颠海岸，然而公元 39 年的一次远征以失败收场。四年后，克劳狄征服了不列颠地区，将其变成了罗马的行省。坎努罗杜努姆（今科尔切斯特）成为这个罗马新行省的首府。

[4] 巴黎人：铁器时代生活在高卢的凯尔特人。——译者注。

后，先向前线输送了增援部队及大象，随后又亲自带领第八骑兵团前往不列颠。

到达不列颠后，克劳狄亲自率领整个罗马部队作战，然后在坎努罗杜努姆（科尔切斯特）附近取得了最终胜利。庞贝乌斯·马格努斯（Pompeius Magnus）和尤利乌斯·西拉努斯（Julius Silanus）将克劳狄获胜的消息带回了罗马，元老院立即向克劳狄授予了不列颠之王的新称号，并组织人民庆祝这一胜利。从此，不列颠成了罗马的行省，地方行政官由元老院任命。曾经的一些小城被提升到了市镇的级别，比如格洛斯特或伦敦。

梅萨利纳的阴谋

克劳狄远征不列颠，离开罗马6个多月。比他小30岁的妻子梅萨利纳借此机会实施了自己的阴谋，以确保儿子布里塔尼古斯成为王位的继任者。为了清除她计划中的所有潜在障碍，梅萨利纳决定与掌管皇帝通信的奴隶纳尔西塞合作，两人一起密谋造反。

梅萨利纳的名声极好，人们都认为她是品德高尚的女子。并且，她通过这样的名声与罗马城内的大家族交好，同时也与朱利安家族的后裔维持了很好的关系。就这样，梅萨利纳得到了众多奴隶的支持，也博取了克劳狄的极大信任，并被丈夫委以重任。第一位遭到梅萨利纳迫害的是盖尤斯·阿皮乌斯·尤尼乌斯·西拉努斯（Gaius Appius Iunius Silanus），他曾被卡利古拉任命为西班牙的地方执政官。梅萨利纳先是说服克劳狄将西拉努斯当成他政治上的左膀右臂，她甚至将自己的母亲安排与西拉努斯再婚，等到西拉努斯彻底融入皇室家族之后，纳尔西塞以自己的一个梦为依据，指责西拉努斯叛国。纳尔西塞称，早在担任西班牙地方行政官的时候，西拉努斯就在当地联合三个军团谋划阴谋，为了博取王室的信任，西拉努斯还迎娶了梅萨利纳的母亲。在西拉努斯被处死之后，另一派阴谋家又登场了。

这次，阴谋的策划者是一位名叫卢修斯·安尼乌斯·维尼西安纳斯（Lucius Annius Vinicianus）的人。在此之前，他还伙同达尔马提亚的领事组织了针对卡利

梅萨利纳：一个拥有两幅面孔的皇后

在塔西佗、卡西乌斯·狄奥等史学家的记载中，梅萨利纳一生都在筹划自己的阴谋。她使得人们渐渐对克劳狄政府失去信任。实际上，有关这位皇后的史料很少。史料中仅仅只有她为保护自己儿子布里塔尼乌斯而筹划的阴谋。这是一件仅有的有关梅萨利纳的雕像，现藏于卢浮宫。

交际花

在诗人朱伟纳尔的作品中，梅萨利纳被塑造成了宫廷中交际花的形象。这样的形象后来启发了无数画家。

古拉的阴谋。但是，他们的计划以失败告终。当时维尼西安纳斯的同伙是军队首领斯克里博尼亚努斯，军队内士兵们表示要誓死效忠罗马皇帝，反对自己长官的谋反计划。随后，斯克里博尼亚努斯孤立无援，只能逃到艾斯拉自杀，而维尼西安纳斯却侥幸逃脱。

另外，梅萨利纳密谋失败后仍不死心。在接下来的四年中，她继续致力于铲除儿子的所有潜在竞争对手。此前克劳狄的侄女朱莉娅·利维拉（Julia Livilla），即日耳曼尼库斯和阿格里皮娜的女儿、奥古斯都的曾孙女因为通奸被流放，很快被饿死。但是元老院仍继续支持利维拉的丈夫马库斯·维尼丘斯（Marcus Vinicius），这也对梅萨利纳的儿子产生了威胁。为了彻底解决这个威胁，梅萨利纳决定处死利维拉的丈夫维尼丘斯。然后，梅萨利纳又迫害了一位罗马最有影响力和最富有的公民瓦勒利乌斯，他是日耳曼地区的军事长官，也是高卢地区最著名的企业家。梅萨利纳指控他与西皮翁的妻子波帕通奸，并命令士兵将他抓捕，在皇宫内，瓦勒利乌斯被秘密审讯，而且没有经过法定程序便被处死了。

同样的不幸也发生在克劳狄的女婿庞贝乌斯·马格努斯（Pompeius Magnus）与奥古斯都的孙子卢修斯·西兰努斯（Lucius Silanus）身上。但是最终，梅萨利纳也付出了巨大的代价。公元48年，梅萨利纳连同盖尤斯·西留斯（Caius Silius）计划谋权，然而，还没等他们实施计划，便被奴隶波利乌斯出卖了。

梅萨利纳知道这个消息已经传到克劳狄的耳中时，她试图得到皇帝的宽恕。但是，皇帝身边的奴隶们怕皇帝克劳狄不忍心，于是竭力阻止这对夫妇会面。之后，皇帝下令处决梅萨利纳，并听从元老院的意见，将她从所有文件中除名。

小阿格里皮娜的野心

梅萨利纳被处死几个月后，克劳狄决定与小阿格里皮娜再婚。小阿格里皮娜是卡利古拉与利维拉的妹妹，在卡利古拉执政时期，小阿格里皮娜被流放，随后又返回罗马。

小阿格里皮娜——朱利安家族的后裔

朱莉娅·阿格里皮娜·奥古斯塔（Julia Agrippina Augusta），是日耳曼尼库斯和阿格里皮娜的女儿，也是克劳狄时期，六个兄弟姐妹中唯一幸存的人。小阿格里皮娜与叔叔克劳狄的婚姻使她获得了越来越多的权力，并成功将自己的儿子尼禄推上王位。

公元41年，当克劳狄成为皇帝时，小阿格里皮娜已经失去了所有的兄弟姐妹。她的大哥尼禄·尤利乌斯·恺撒（Nero Julius Caesar）和他的母亲一起在流沙岛流亡。而她的弟弟德鲁索斯·尤利乌斯·恺撒（Drusus Julius Caesar）被指控秘密谋反，死于罗马帝国的监狱内。排行第三的卡利古拉被秘密谋杀。而她的姐姐朱莉娅·利维拉（Julia Livilla）因被指控与塞涅卡（Seneca）通奸，饿死在被流放的岛屿上。她的大姐朱莉娅·德鲁西拉（Julia Drusilla）在22岁时突然逝世。因此，小阿格里皮娜是当时的朱利安家族唯一的幸存者。随后，小阿格里皮娜凭借着自己的出身与自己的叔叔克劳狄结婚，并且不断讨好克劳狄，使得克劳狄收养了自己的儿子尼禄。然而，尼禄登上皇位后，不再听从母亲小阿格里皮娜的命令，并在公元59年暗杀了自己的母亲。

插图 小阿格里皮娜坐像（现藏于那不勒斯的考古博物馆）。

殊不知，小阿格里皮娜也有着自己的野心，并且连同儿子尼禄一起与布里塔尼古斯暗中较量。随后，他们设计剥夺了布里塔尼古斯的一切权力。布里塔尼古斯被限制在皇宫内活动，很快就被罗马民众忘记了。不仅如此，小阿格里皮娜还命人在民间造谣，故意抹黑布里塔尼古斯。像梅萨利纳一样，小阿格里皮娜与尼禄将罗马带入了一个“司法恐怖主义”时期，其目的还是为了铲除自己潜在的竞争对手，保证小阿格里皮娜的儿子顺利继承王位。

克劳狄最后两任妻子都大肆迫害罗马境内的贵族们，这引发了全体公民对皇帝克劳狄的不满。他们认为克劳狄在身体及精神上都有着先天性缺陷，因此不能胜任皇帝的职位。更有一些激进者以此反对君主制的存在。

克劳狄中毒

就这样，小阿格里皮娜凭借着自己的阴谋使得自己的地位越来越高。克劳狄以她的名字命名了很多城市，比如小阿格里皮娜出生的城市。公元 50 年，克劳狄正式收养了小阿格里皮娜的儿子尼禄，并赠予尼禄布里塔尼古斯曾经的管辖区域。除此之外，克劳狄还将自己的女儿奥克塔维许配给了尼禄。小阿格里皮娜觉得自己的阴谋马上就要成功了。在这时，克劳狄召回了塞涅卡，使他成为尼禄的老师。此前，塞涅卡被指控与利维拉通奸，因而被流放。但是在流放期间，塞涅卡写下了很多对克劳狄的颂歌，因此得到了赦免。

这时，小阿格里皮娜又设计迫害了提图斯・斯塔蒂里乌斯・道卢斯，随后又侵吞了他的财产。然而这件事传到了克劳狄的耳中，克劳狄十分心痛，并意识到“上天注定让他一次又一次遭受妻子的背叛，并让他亲手将曾经的妻子们一一处死”。这一次，克劳狄本想惩罚小阿格里皮娜，但是他已经时日无多。小阿格里皮娜伙同克劳狄的医生给克劳狄下了毒。那时，克劳狄刚从拉齐奥（Lazio）南海岸回到罗马，便被自己的妻子毒死了。小阿格里皮娜并没有立刻公布他的死讯，而是几天之后，

才将这个消息告诉了民众。公元 54 年 11 月 13 日，经元老院批准，尼禄凭借着禁卫军的支持登上了皇位。

梅萨利纳之死

梅萨利纳被丈夫克劳狄赐死。本来，梅萨利纳的母亲劝她自杀，然而她并没有那样做的勇气。后来，梅萨利纳死在一名百夫长的刀下。

插画 维克多·弗朗索瓦·埃洛伊·比努尔（1823—1893）画作，现藏于格勒诺布尔的美术博物馆。

档案：罗马军团

除了政治和外交之外，罗马军团是罗马实现其最大野心的关键武器，通过军团，罗马得以成了世界的中心。

罗马不断扩展疆土，使不同习俗、不同语言和不同宗教的人们向自己臣服。这其中最关键的武器就是罗马军团。据说，罗马军团的历史可以追溯到罗慕路斯时期。后世人们通常用罗马军团作为绝对忠诚与勇敢的代名词。在蒂托·李维的记述中，我们找到这样一段话："士兵们，你们将站在市民面前，亲自告诉他们罗马将成为世界的中心，这是上天的旨意。我们罗马的士兵生而好战，我们的作战能力无人能及！"

一支守备部队

在很长一段时间内，任何享有公民权利的爱国公民都可以参军。在人们看来，这并不是一项义务，而是一项特权，通过这个机会，人们便有参政的机会。

当时，罗马城只有一支由公民组成的军队，并且只是在战乱时期行动。在

龟甲形连环阵（左图） 罗马军团在战斗或是攻坚中最擅长采取的阵型之一。右图为图拉真柱上的浮雕（2世纪）。

罗马军团大事记

前578—前534年

罗马首次组建军队。士兵们被分为五个等级，并被要求排列成方队的形式。

前446—前275年

古希腊式的方阵的实操性不高，因此它最终被可操作性更强的古罗马军团取代了。年龄成为军团等级划分的主要标准。

前157—前86年

马略允许穷人被选拔进军团。曾经由600名士兵组成的小队由新的支队替代。

前100—前44年

恺撒统领10支军队，并将他们分为三行排列。第一行由2 400名男子组成，这些人被分为4个支队，每队600个人。剩下的士兵被分为两行，排列在队伍后面。

公元76—138年

皇帝哈德良在队伍的第一行只放置了一个支队，由1000名优秀士兵组成。后面由10个支队组成，每队有500名士兵。

雄鹰是古罗马军团的象征。

作战装备

不同的时代，罗马军队中的武器与铠甲各有不同。不仅如此，不同等级的士兵配有不同的作战装备。然而，士兵作战的基本装备保持不变。

①**柱形尖顶头盔** 这种头盔是仿照塞尔特人的头盔制成的，上面装饰有白鹭或三根黑色或红色的羽毛。

②**锁子甲** 这种衣服将金属编织在束腰外衣的外部。图拉真时期，人们改良了锁子甲，在外层镶嵌成片的金属。

③**剑** 这种武器是改良伊比利亚军队武器后的利剑。它的刀片长50厘米，剑身笔直，尖端短，是正面攻击的理想武器。

④**重标枪** 这是一种长2米的长矛或标枪，由一块四边形的铁打造，它的尖端极为锋利，底座由钉子与木把相连。

⑤**盾牌** 它是一个高120厘米、宽75厘米的矩形武器。军官的盾牌形状为直径90厘米的圆形武器。

⑥**护腿** 士兵们只在右腿佩戴这种铜质的护腿，左侧则用盾牌保护。

⑦**长衣** 罗马的轻步兵是军队中最低的一级，在作战时，他们只穿着长衣，除此之外，不再佩戴其他的作战装备。

⑧**凉鞋** 这种凉鞋是皮质的。人们在鞋底下方插入金属钉，以确保拥有更好的抓地力。

和平年代，军团呈解散状态。当时，人们仅从贵族阶层选拔军团士兵，大多数军团士兵都是元老院或者当政者的后裔。罗马的军团被分为 30 小队，每队由 100 名步兵与 10 名骑兵组成。因此，在罗马城内，共有 3000 名步兵与 300 名骑兵。

塞尔维乌斯（前 578—前 534）在军团内进行了第一次重大改革。从此以后，士兵不再以出身作为选拔标准，而是以家庭的财富与本人的年龄为标准。他把新兵的财产和年龄作为选拔条件，而不再看重他们的家庭出身。在军队中，士兵被分为五大类：第一类是最富有的人，他们成为真正的骑兵，属于皇家军队。剩下的四类都成为步兵，被分配在各个辅助部队中。在每一类下，人们又根据年龄将其分为两小队。士兵普遍年龄偏小的一队成为现役军人，而年龄偏大的则成为预备军队。

为了优化士兵在战场上的行动，人们设计了专门的行进队形。士兵们分五排六队组成方阵。前两行的士兵是富有的骑士，配有完善的作战装备：头盔、护甲、圆盾牌及护腿。他们的武器有剑、长矛和标枪。方阵的第三排和第四排由第二阶层士兵组成，配有方形盾牌，没有戴头盔。最后两行由三等士兵组成，他们没有任何护腿装备。

就这样，第四和第五等级由 12 支轻武装民兵组成，他们位于方队的最外围。另外，还有三个百人队分列在队伍两侧，他们被分为两个侧翼部队。最后，还有五队百夫长作为候补军队，在这个队伍当中，有工兵、文艺兵及用于替代战死士兵作战的后补军。

在与萨姆尼人的战争中，整个军队以方阵的形式行进，并由此暴露出了很多作战问题。因此，他们进行了一次新的改组，使年龄成为军团分配的主要标准，并采用了新的作战单位。在罗马与比拉罗斯的战争时期（前 280—前 275 年），整个军队被分为三个战斗线，每个战斗线又分为十个小的作战单位，每个作战单位相互间隔 40 米。第一线由青年兵组成，他们负责发起对敌人的第一次进攻；壮年兵位于第二线，他们在对抗中取代阵亡的士兵。前两条作战线共有 120 人。第三作战线由 60 多名退伍军人组成。

皇帝的军团与普通士兵在作战中没有区别。他们都带着长方形的护盾，这种护盾高约 1.2 米，由两块圆形铁板组成。它的边角被牛皮包裹，并且用铁质边框加固两端。士兵们的盔甲是铜制的，并被人们佩戴在胸前，但是每个士兵的盔甲略有不同。装甲是简单的青铜箱或复杂的网眼编织物（lorica hamata）。有一种进攻型铠甲还配有武器西班牙剑，这是第二次布匿战争期间西皮翁的发明。随后，这种铠甲成了罗马军团的标志性武器。此外，罗马士兵的头盔还配有三根黑色或红色的羽毛作为装饰品。

然而新增的 1200 名轻装民兵因为出身于穷人阶层，他们只能穿着内长衣带着尖形头盔出战，他们在作战时相对灵活，可以独立作战也可以前去支援其他部队。

这样的军团单位一直存在，直到罗马的富裕阶级停止为军队提供服务为止。持续不断的冲突使许多公民丧生于战争当中。为了缓解兵源短缺的现象，军队长官随后允许穷人进入军队作战。随着时间的流逝，这些贫穷的士兵成为职业军人，用延长服役期的方式换取更多的战利品与生活保障。据法国历史学家富兰德・库兰热斯记载，曾经有过一段“军队民主化”的活动，这种活动使军队中的等级划分不再那么明显。自此以后，步兵被分为 10 个同等条件的军队。这 600 名士兵组成的队伍分为两行，每行由三个战术单位组成。

军饷

军队被改组后，以这样的方式又继续存在了几个世纪，但是在军团的内部，士兵的生活条件不断恶化。在阿克提乌姆海战之后，奥古斯都决定解散 32 支军队。就这样，将近 20 万名退伍军人被遣散到罗马的各个殖民地中。在剩下的 28 个军团中，士兵主要是年轻的意大利人，这些军团只有在危急时刻才会被召唤。罗马的日常防御则由当时的禁卫军负责。

另外，罗马在军队内部实行学徒制，即童子军。身高超过 1.7 米的 13 岁男子都可成为童子军。童子军可以入编正规军，并必须用烙铁烙上自己的编号。士兵的兵役最低为 36 年。百夫长则要服役 40 多年，他们无怨无悔，因为他们可以从

舰队：作战中的重要力量

在海战中，罗马海军发挥了重要作用。海军士兵同属于罗马军团。他们作战的船只是根据迦太基船和伊特鲁里亚船的模型制造的。

根据波利比乌斯的说法，墨西拿海战的失败迫使罗马军队研究敌方军舰的建造技术。在公元前4世纪，罗马人借鉴了公元前700年的战艇模型，将船身改小，就这样船的每一侧缩减到了三行水手。在与马其顿的战争中，罗马还使用了一种新的较小的船，以达到轻便、灵活的效果。这种船在船首和船尾都有突出的龙骨，船上的人员可以使用马刺作战。插图便是罗马士兵在莱茵河和多瑙河流域作战时的舰艇。

① **船板** 这是一种长10.9米的可伸缩甲板，用于在作战时与小船相接。

② **全体成员** 一艘船由300名桨手、184只桨、120名士兵与50名海军构成。

③ **桨手** 他们分为三行，在最内行有34人，两侧分别有29人。

④ **船舱** 这种船的船舱主要用于储存作战补给和兵器。

⑤ **龙骨** 这里的龙骨主要是为了防止敌人上船。

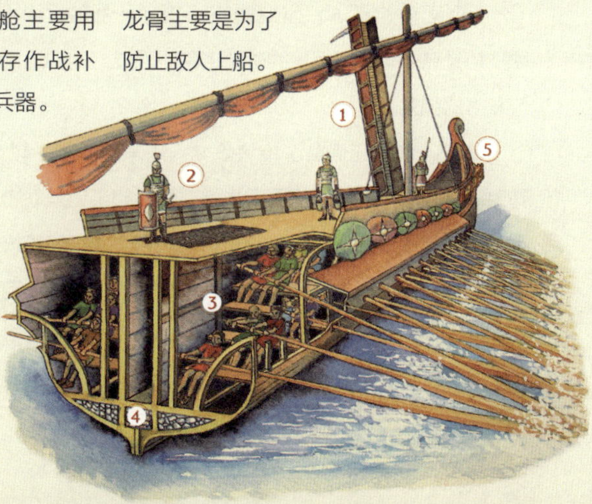

作战工具

坚不可摧的罗马军团依靠的不仅是铁一般的纪律，而且还基于有效的军事技巧。这种技巧是在多年作战经验的基础上创新而成。他们还借鉴了希腊古兵器的模型，制成了可发射的弹丸。

此外，他们还借鉴了维特鲁威人用来发射箭、弩炮、标枪与石头的弹射器。这种弹射器装有动物的毛，从而产生弹射力。如果这些动物的毛发断了，整个机器就不能使用。据塔西佗记载，公元69年，罗马人在贝德里亚库姆战争中改良了这种武器，给机器配备了金属柱体以保护中间的弓，如果出现损坏，也可以更换横梁。

从恺撒时代起，罗马人开始建造塔楼作为防御设施。戴波玛斯在自己的论文集中精确地描述了当时工具的构造和使用方法，并且强调了这些机器“易于维修，难以损坏，便于移动，稳定，不可燃”的特性。

插图 公元2世纪的攻城塔。

中得到普通士兵没有的好处。卡米卢斯（Camillus）时期，士兵每天的俸禄是两个奥波尔，恺撒时期改为每年 226 奥波尔。到了多米蒂安时期，士兵的俸禄被提高到每年 300 奥波尔。

除了规定的粮食、武器和日用品补给外，在战胜时，士兵们还可能得到皇帝的额外奖赏。然而，在服役期间，士兵们并不能收到全部俸禄，俸禄的一半会作为武器开支，另一半会在退伍后发放给士兵。应付款项的一半由军队存放和担保，然后在退役时退还给士兵，再加上利息。通过这种方式，国家得以控制士兵随意浪费积蓄的现象。不仅如此，穷人阶层的士兵往往被提前解散，并不能获得全部俸禄。国家以这种方式尽量减少军队的开支。而战死的士兵，他们的俸禄则会转交给他们的父亲或者财产继承人。自奥古斯都时期起，战死士兵的家属不仅会收到金钱补偿，还会得到相应的荣誉，并且还可能分到罗马殖民地的管理权。

此外，士兵可以为自己定期存款，以保证他们战死后被有尊严地埋葬。除此以外，士兵战死后，国家会给他的家属 500 奥波尔以处理后事。

常驻军

罗马常驻军的建立深刻地改变了新兵的公民地位和他们的日常生活。按照军事法，服役士兵不能结婚，因此，那时候与他们有关系的女性会被视为姘头，他们的孩子也会被认为是私生子。

但是，皇帝渐渐放宽了士兵在这方面的约束。他们的私生子也可以继承他们的财产，还可以接替自己的父亲在军队中服役。据赫罗迪安说，塞普蒂姆·塞维尔最终授权军团士兵可以结婚。但是他们每天都需要在军队中训练几个小时完成义务。

中坚力量

在和平时期，士兵们除了进行每天所必需的例行训练外，还要处理公共事务，特别是要负责一些公共设施的建设。据记载当年的工程量高达 106 处，其中以道路、桥梁、楼房、庙宇、水渠、喷泉的建造工作居多。

从奥古斯都统治时期（公元前27—14年）到加利安统治时期（公元260—268年），军团只有一位终身军团长（legatus legionis），这位军团长由皇帝（元老院最高领导人）亲自从来自元老院阶层的前任裁判官中选出。军中领导团队包含特殊行政长官（beneficiarii），负责处理军团行政事务、收管军团档案卷宗的“行政长官”（commentariensis），总会计师（corni-cularius）及负责军团的行政会议记录的记录官员（actarius）。

从罗马帝国时代起，军事保民官（共和时代可直接和独裁官或执政官对话，执政官也曾是军队的最高长官）成了一种行政职位和管理职位。皇帝亲自从年轻的骑兵中选拔军事保民官，后者往往希望在元老院中开启一番事业。在每个军团六位军事保民官中，宽带军政官（laticlavius）的地位是最高的，其余的五个军政官被称作窄带军政官（angusticlavii），他们的制服统一由一条紫色的花纹点缀，地位就没有那么高了。一位宽带军政官在短暂地担任了军队长官之后便可以加入元老院。

当军团长官的职位空缺时，“法务官”（preafectus castrorum）会担任起军营最高长官一职，因为他对军中后勤和军队章程最为熟悉。“法务官”同时也负责维护营地建筑物、营房设施和武器装备及组织安营扎寨等工作，他同样也需要照顾伤病人员、负责士兵的饮食起居、管理供水及制造或储存建筑材料等。

在军团的等级结构中，从上至下分别是军团长、行政官、法务官，最后才是百夫长。在罗马帝国时期，一位士兵在被任命为百夫长之前需要在不同的军队中担任军衔较低的指挥职务。百夫长可对自己的连发号施令并且独立拟定连队章程。在一个军团中，首列百夫长（primipilus）——鹰之守护者的地位要高于其余的59位百夫长。在战争中，首列百夫长须站在军队的第一列并吹响战争号角，同时也要给出冲锋或是后撤的信号。

百夫长的下级是一些士官或是一些有着特殊职能的专业人员。例如，“口令官”（tesserarius）专门负责传递口信或者运送刻有军令的石质令牌（tessera），使军中上下都能接收到军令。还有一系列的“持旗官”（porte-etendards）负责引导军团；

战马上的罗马士兵

公元前 2 世纪的墓地浮雕，上面刻画的是一位古罗马士兵正高举标枪在战火中冲锋陷阵（卡比托利欧博物馆，罗马）。

“鹰旗官”（aquilifer）负责鹰旗的搬运工作；“掌旗官”（signiferi）则负责指示军团支队的冲锋；“执相官”（imaginifer）负责携带皇帝的肖像，在战争中必须站在首列步兵大队中。此外，军中还有首席乐官（喇叭手、军号手和角号[5]手）、医疗官、兽医、建筑师和工程师、宗教事务负责人及生活起居负责人。

军团数

奥古斯都麾下有 25 支军团，其中有 5 支由克劳狄（Claude）、尼禄（Néron）、加尔巴（Galba）和图拉真（Trajan）组建。刻录于 120 年至 170 年间的罗马军团

[5] Buccina：罗马军团中的一种特殊乐器，形似动物的角。——译者注。

军团营地

军团开拔时建立的营地是按照非常严格的标准建造的，以确保士兵的安全。但是，这些标准随着时间的推移而变化。据波利比乌斯记载，在罗马共和国时期，人们不会选择地势较高的驻地，并且偏好选择有天然石墙保护的地区。这种地区一般占地面积为 666 平方米，可以容纳 24000 名兵士。与永久性的营地不同，临时营地需要更高的安全性，因此百夫长在每个分队建立起较高的木栅栏和木柱，以便于更好地监控军队。这是每个士兵装备中不可或缺的一部分。一些营地原本是用木头建造的临时堡垒，后来被石头所取代。例如，图中这座位于哈德良城墙附近的城堡。

花名册（laterculus legionum）可以证实，弗拉维王朝的军队曾取代过这 25 支军团中的其中几支。每支军团都有自己的次序编号及荣誉名。

据卡西乌斯·狄奥记载，哈德良是罗马军队的重要改良者。他对战场上的军备、征兵和部署方面都进行了改革。他重新采用之前的方法：以方阵训练士兵，方阵的第一队列由 1000 名最佳士兵组成。随后，塞普蒂米乌斯·西弗勒斯（Septimius Severus）增加了士兵数量，并允许士兵结婚。在公元 4 世纪，

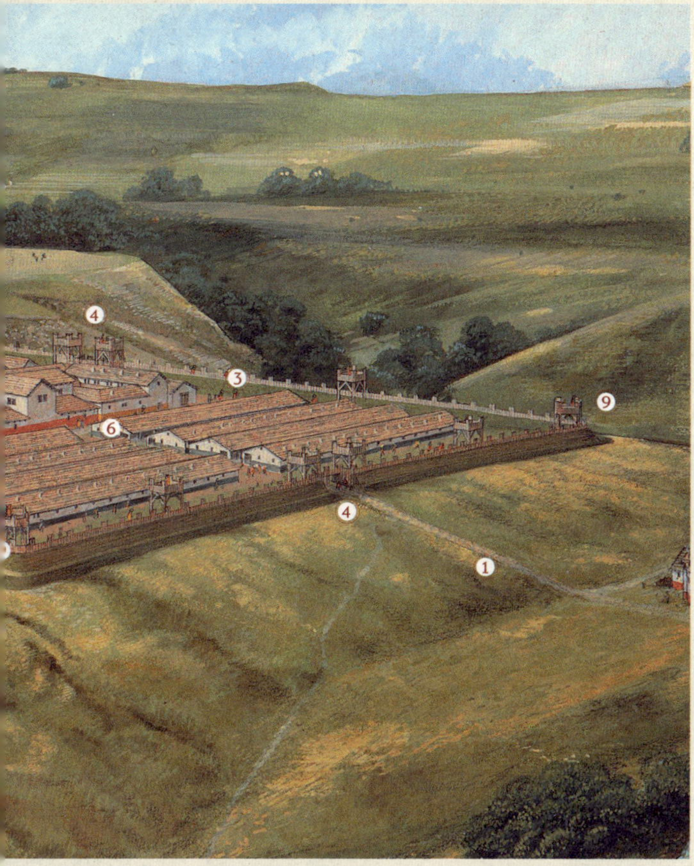

①**营地** 这片空地占地面积为666平方米，通常选址在地势较低的地方。

②**栅栏** 它承担着营地的防御职能，营地被划分为一个个小单位，每个单位上会建立13根这样的木柱。

③**隔板** 它位于营地内部，用于防御敌方的弹丸。

④**门** 每个军营有4个门，门的名字以它朝向的街道命名。

⑤**通道** 这是两天可以穿过营地的通道，在营地的中间，它们用来界定操练的区域。

⑥**次通道** 它与主通道方向不同，两个通道共同把军营分为两个区域。

⑦**主区域** 它在营地中拥有较高的地势，用于安装军队将领的帐篷，在这些帐篷的旁边，是一些次要长官的帐篷。

⑧**间隔** 每个百夫长管辖的区域有60个这样的间隔。

⑨**监视塔** 在营地中承担监控职能，监视塔上的视野极为开阔，士兵在上面可以环视周围动态。门口处是监视塔内士兵观察的重点区域。

⑩**民用区域** 有时，在营地内还有民用区，士兵的家属居住于此。

军队被划分为边境防线与内部防线两部分。随后，每个分队士兵的规定数量为1000人，因此军队中的两个长官职务显得多余，于是统治者改用一名长官统领分队。

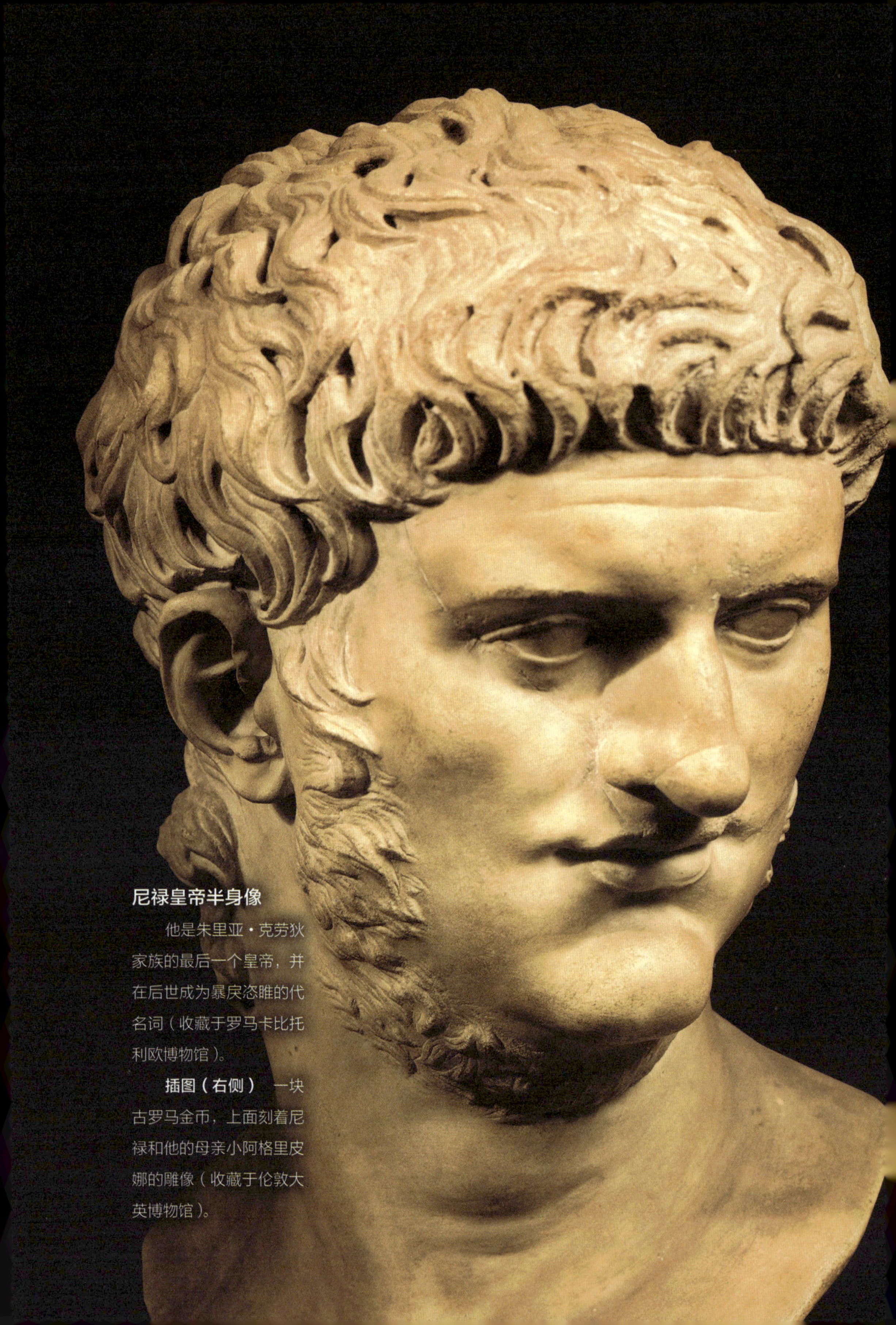

尼禄皇帝半身像

他是朱里亚·克劳狄家族的最后一个皇帝，并在后世成为暴戾恣睢的代名词（收藏于罗马卡比托利欧博物馆）。

插图（右侧） 一块古罗马金币，上面刻着尼禄和他的母亲小阿格里皮娜的雕像（收藏于伦敦大英博物馆）。

尼禄的君主专制

尼禄在禁卫军大队人马的支持下登上了王位。受希腊化模式的影响，他使帝国的统治变得官僚化，并将元老院阶层从国家事务中除名。他所采用的民粹主义改革，以及想要通过文化革命推翻罗马传统的意愿，遭到下层贵族的反对，贵族们把朱里亚·克劳狄家族的最后一个皇帝塑造成了一个怪物。

公元 54 年 10 月 12 日，小阿格里皮娜毒死了克劳狄，并实现了她最迫切的愿望：让自己的儿子路奇乌斯·多米提乌斯·阿赫诺巴尔布斯登上王位（公元 50 年 2 月 25 日，其被收养后改名为尼禄）。尼禄的父系血统来源于阿赫诺巴尔比平民贵族，该家族也因其青铜色的胡子而得此名，他们在公元前 1 世纪就跻身于贵族阶层。然而，尼禄的继承权是由他与朱利安氏族的亲属关系合法化而得来的。他的这种亲属关系承袭于自己的母亲。此外，其母享有父亲日耳曼尼库斯在罗马人民心中的威望。因为尼禄与克劳狄和梅萨利纳的女儿，也就是奥古斯都的曾孙女，屋大维

短暂的元首制和尼禄的论战

54年

尼禄在17岁时登上王位，并受到禁卫军长官阿弗拉尼乌斯·布鲁斯的支持。

57年

尼禄确定要疏远元老院。他创立了以自由奴隶为首的国家行政机构。

59年

在塞涅卡的建议下，尼禄下令谋杀小阿格里皮娜。尼禄初遇波皮亚·萨宾娜，他于公元62年娶她为妻。

63年

王位觊觎者鲁贝利乌斯·普劳图斯和科尔内利乌斯·苏拉在总督盖尤斯·奥弗尼乌斯·提格利努斯的煽动中被铲除。

64年

罗马被大火烧毁，人们开始重建罗马。盖尤斯·卡尔普尼乌斯·皮森策划对皇帝的阴谋。

68年

在文德克斯和加尔巴领导的叛乱之后，尼禄退位并决心了却自己的生命。这样一来，朱里亚·克劳狄王朝画上了句号，尼禄是该王朝的第五位皇帝。

塞涅卡和少年帝王的政治

尼禄的母亲小阿格里皮娜将流放国外的哲学家卢修斯·安纳乌斯·塞涅卡召回国内，为的是做她儿子的家庭教师。塞涅卡试图教唆他的学生实行保守的政策，但收效甚微。

在尼禄统治的前八年中，塞涅卡是元老院中最具影响力的人物之一。他像帝王的母亲和禁卫军军长阿弗拉尼乌斯·布鲁斯一样，直接介入了尼禄在帕拉蒂尼山里的生活。但是，公元 62 年，尼禄不满合作者的过度干预，并构想出一种新的统治模式，该模式建立在他当时的政治和经济生活的一系列革命性改革的基础上。从那时起，塞涅卡逐渐变得声名狼藉：他作为尼禄的老师（体现在下页爱德华多·巴伦·冈萨雷斯的雕塑中，现存于科尔多瓦），被描述成暴君的导师。卡西乌斯·狄奥认为，塞涅卡的斯多葛式教学是虚伪的，因为“尽管塞涅卡本人拥有 3 亿银币，他还是指责有钱人的特权”。

娅结婚，所以他与朱利安血统的联系在公元 53 年就得到了加强。

但是，尼禄成为罗马皇帝，不仅仅是因为他母亲的阴谋诡计及他与帝国创始人的血缘关系。当时禁卫军大队由塞克图斯·阿弗拉尼乌斯·布鲁斯指挥，他作为王位继承人在军事和金融事务方面的导师，在尼禄成为罗马皇帝这件事上也发挥了至关重要的作用。未满 17 岁的尼禄自此成为罗马历史上最年轻的帝王，直到公元 218 年刚满 14 岁的赫利奥加巴鲁斯登上帝王宝座。

贝里鲁斯（Beryllus）、赛雷蒙（Chérémon）、

艾盖·亚历山大（Alexandre d'Aigai）——这些曾唤醒年轻人对艺术和对东方文化求知热忱的希腊教育家，他们证实尼禄曾受到非常全面的教育。然而，由于政治知识和经验的缺乏，在头几年的执政中，尼禄将帝国交给了实际上的统治者：小阿格里皮娜和塞涅卡。尼禄在元老院第一次发言的稿子出自元老院成员兼哲学家科尔多瓦之手，内容是向已故帝王表示敬意的悼词。但同时，克劳狄却在一本恶毒讽刺的小册子《圣克劳狄乌斯变瓜记》（*l'Apocolocintosis*）中受到诋毁，作者塞涅卡在文中残忍地描写了克劳狄被钩子钩到天堂，同时这

罗马帝国的宴会

晚餐是最主要的，这是一种社交活动，在此期间，主人将展示自己的财富和慷慨。早餐和午餐很简陋。傍晚时分，最富有的罗马人在战神广场的浴场或柱廊下见面，并互相邀请吃饭。奴隶迎接宾客进门，他们服侍宾客脱去身上不便利的衣服，并为宾客们提供更为舒适的衣物。晚餐在躺卧餐桌上享用，进餐之前，人们要先对神灵进行祷告，并以“请神原谅”一词宣布晚餐的开始。其中三至七道菜摆放在最奢华的餐盘中。用餐时通常不喝酒，因为人们考虑到，酒会使自己无法细细品味食物的味道。甜点从派发科米萨蒂奥开始。此时，葡萄酒被大量供应，并伴随各种娱乐活动：音乐、舞蹈、哑剧，甚至角斗士搏斗。

赫库兰尼姆古城的躺卧餐桌 有些贵族的房屋，如赫库兰尼姆古城中，尼普顿和安菲特的房子，他们的花园里有一个夏季用的躺卧餐桌和石沙发，沙发上面铺有床垫和靠枕。

1 **躺卧餐桌** 罗马人躺着吃饭，这就是为什么他们的餐厅包括沙发，通常摆放在花园的三个侧边。

2 **卫生** 根据庞贝风格的铭文，一名奴隶将客人的脚洗净并擦干，同时在沙发的床垫上铺上了床单。

3 **女人们** 在庞贝城发现的铭文警告：“不要投放出淫荡的眼神，也不要将目光投向另一名结了婚的女性。”

4 **衣服** 每位客人到达后都被邀请将他们的长袍换成更舒适、更轻便的衣服，并脱下凉鞋。

5 **仆人** 晚餐时有三至七道菜，它们是在宴会主人的安排下由奴隶呈上的。

6 **醉酒** 宴会快要结束时，客人们已然喝了很多酒。其中一些人烂醉如泥，由奴隶带他们回家。

罗马的饮食

红酒 用温水或冷水稀释。阿米亚图斯在其墓碑上的镶嵌画中庆祝品尝的乐趣，坟墓于突尼斯被发现。

水果 他们直接生吃水果，或者制作成水果干享用，有时候也会将水果加蜂蜜炖煮。庞贝城的壁画经常描绘摆满水果的架子。

鱼 罗马人享用不同种类的鱼，正如这幅镶嵌画展示的那样（收藏于罗马国家博物馆，戴克里先浴场）。

个钩子也将刺客的尸体拖到台伯河中。

重新编写尼禄一生的古代历史学家们将他描述为一个放火成性、弑母焚妻、残害手足、暴戾恣睢、心术不正且反复无常的皇帝。历史学家们的目的显然是要让极力削弱元老院和地主阶层的尼禄政府声名狼藉。在此之前，他们还利用古罗马元老院的决定权来确保自己所拥有的特权。现代历史文献根据那个时代的原始资料（尤其是钱币学和人口统计学的资料），绘制出一幅更为客观的肖像，名为“被诅咒的皇帝”。现代历史文献也辨别了尼禄在位十四年的贡献，比如开创了一段罗马帝国经济和文化的繁荣时期。

可以肯定的是，他的同父异母的兄弟孤儿布里塔尼古斯的谋杀案成为围绕尼禄生平一系列荒唐无稽的事件的开端。塔西佗向我们讲述了有关残害手足的最详尽的细节，他通过以下事实证明了他所说的内容：被尼禄剥夺权力的小阿格里皮娜威胁尼禄说，她要与他同父异母的兄弟（即布里塔尼古斯）结盟。布里塔尼古斯 14 岁生日后便可穿上成年袍，随即行使自己的权力。根据同一位历史学家的说法，下毒的洛库斯特被判为布里塔尼古斯谋杀案的凶手，洛库斯特在宴会上向水中倒入一种毒性极强的毒药。当目睹了布里塔尼古斯死亡的宾客惊慌失措之时，他的姐姐屋大维娅和丈夫尼禄继续用餐，好像什么事都没有发生。

皇帝夫妇对布里塔尼古斯死亡的冷漠态度，以及弗拉维乌斯・约瑟夫斯等非罗马历史学家并未将这一事件列入皇帝的罪行清单中，这都使布里塔尼古斯自然死亡的假说得以成立，即他的死可能是由于癫痫发作（克劳狄的儿子一直遭受的病痛）引起的动脉瘤破裂。

官僚机构的巩固

最近广受赞誉的皇帝在众人眼中犯下手足相残的罪行，也是让人们对尼禄帝国的主权原则之一——宽恕有所质疑。宽恕也是塞涅卡在一篇论著《论怜悯》中高度赞扬的美德。事实上，觊觎尼禄王位的鲁贝利乌斯・普劳图斯和科尔内利乌斯・苏拉在 8 年后才被铲除。

图拉真将尼禄帝国的前五年定义为最繁荣昌盛的时期，其特征通过一系列行政、财政和法律改革所体现。在此期间，最大受益人是罗马社会的弱势群体。根据克劳狄构想的官僚机构，尼禄在自己身边网罗了能力极强的合作者，其中大多数是被解放的奴隶，尽管裁判官和财务官的任命权仍然保留给元老院阶层，但他还是任命了行政官员，并赋予其很大的自治权。贵族并不看好自由奴隶的崛起，由此引起了皇帝与元老院之间的暴力冲突。例如，公元 57 年，卢修斯・佩达尼乌斯・塞昆杜斯的 400 名奴隶均因一项罪行被判处死刑，然而这些人中只有一名奴隶有罪，但是尼禄不得不服从元老院的法律，所以这个事件标志着他与元老院决裂的开端。

在放弃元老院成员的帮助后，尼禄建立了一个名副其实的国家官僚机构，由财政部部长多米蒂乌斯・潘领导（财政秘书）；波留克列特斯和贝利鲁斯负责拉丁文和希腊文的帝国书信；多里普鲁斯和科斯・色诺芬为请愿部部长；帕特罗比乌斯负责组织赛会；埃帕弗洛迪图斯为皇帝的私人秘书；最后是埃利乌斯，他是尼禄皇帝不在罗马时的替身。这个团体中还增加了帝王顾问团，这是由元老院和骑士团的三十名议员组成的咨询机构。

货币贬值

在法律领域，尼禄的主要改革之一是废除私人法庭诉讼的程序。因为在克劳狄统治下诉讼过于频繁，而且私人法庭会造成被告被任意定罪或无罪释放的不良后果。这项改革剥夺了元老院进行监管审判的权力。此外，他还建立了一个程序，即设立了宣布判决之前的静思日，并禁止法律专家在审判结束前相互磋商，以避免相互影响。

公元 58 年的税收改革计划却是尼禄政府最关注的一项措施。它最初旨在消除所有间接税，也就是说，当商品来自西方省份时，间接税按商品价格的 2.5% 收取；当商品来自其他省份时，按价格的 5% 收取。其目的是支持贸易并鼓励民众参加这项活动。元老院否决了该提议，因为它意味着国家税收的大幅减少（2500 万银币，即收入的 15%），但最重要的是因为这项新立法损害了元老院及意大利大农场主的利益。为了降低海外谷物的价格，尼禄授予商船税收豁免权，并限制了税吏、税收官征税的利润。

尼禄时期的贸易和税收

由于意大利的生产资源很少，因此必须进口各种类型的商品：大理石、织物、谷物、肉和鱼、油、奴隶等，这些商品通常通过海运，原因是陆路运输产品价格更高。

一艘商船的航行同样缓慢而危险。例如，从亚历山大港到达意大利半岛主要港口部丢利需时 9 天，然后还需再乘 3 天小型船只才能到达奥斯蒂亚。海上旅行通常在 3 月 5 日至 11 月 11 日的夜晚进行。尼禄想要废除多种税收，因为它们抬高了进口产品的价格。特别是销售奴隶税（奴隶买卖占 25%），或者每个省边境都有的关税。像旁边浅浮雕里刻画的主人公一样，商人们来自卡布里埃雷斯 - 德艾格斯（法国），他们受罗兹法律的保护。根据该法律，如果有人为了拯救沉没的船只而将部分货物扔入海中，那么所造成的损失由货物所有人和船东平均承担。

①**油瓮** 大多数来自贝提卡或北非。

②**酒瓮** 瓮的内壁涂满了树脂，并用黏土塞密封。

③**船长** 他手握船桨，掌控着小船航行的方向。

财政目标受元老院的施压最终被迫于公元 58 年终止，而公元 63 年和 64 年财政目标还是得以实现，这都要归功于更为复杂的改革：货币贬值。尼禄下令分别减少了金币和银币中金和银的含量，并投放了更多的货币，货币的流通伴随着盛行的“建筑热”而引发了通货膨胀。由于这些措施，尼禄降低了失业率并减缓了随之而来的经济萧条。

银币中贵金属含量减少 25％的原因还在于银的供应逐渐减少。银主要来自西班牙（罗马行省）的矿，该省为帝国供应的金属最多。另外，这种令人垂涎的金属的分布也受到亚美尼亚长期军事行动的影响，其在和解后，也随之成为另一个重要供给源。

④**木桶** 主要用于来自埃及的小麦的运输。

⑤**游船** 江河的小船从岸边被拖走。

⑥**舵** 船舵是由支撑一块桨板的轴构成。

⑦**水手** 在水不是很深的区域，他们将船托至逆流方向。

弑母行动

尼禄在位的头四年中，就逐渐确立了自己的统治风格。他不仅意识到自己的个人利益与元老院不符，同样也与身边最亲近的顾问相左。他的母亲小阿格里皮娜已成为他政治生涯的主要障碍。据塔西佗说，由于对权力的渴望，这个女人“充满活力，苛刻而自大”，因此对帝王本身构成威胁，使尼禄有被拉下马的危险。小阿格里皮娜的暴行不仅消灭了所有潜在的竞争对手，同样损害了尼禄试图执行的宽恕政策。在他的导师塞涅卡的建议和协助下，帝王尼禄开始计划铲除自己的母亲。

第一步是解除原本给予她的保护及监管，此前由自由奴隶帕拉

海战剧（海上战争）——罗马最盛大的演出

盖尤斯·尤利乌斯·恺撒是第一个向罗马人呈现海战表演的人，以此来庆贺他赢得的胜利。在这种被称为海战剧的凶杀演出中，有身着战斗民族传统服装的奴隶、俘虏和罪犯。军事舰队的双排桨和三层桨战船被用来重现实际发生的战斗。奥古斯都建造了一栋适应海战剧的建筑，并由阿尔谢提那水渠供水。公元 59 年，尼禄在此地为庆祝少年节而举行了公共宴会。

公元前 46 年的海战剧，尤利乌斯·恺撒命人在战神广场上挖了一个大坑，直至挖到台伯河的含水层为止，由此建造了一个很深的人工池塘。然而，此后不久，这个湖泊就被认为是引起首都可怕疫病的来源。因此，奥古斯都决定为罗马建造一个专门做此类表演的建筑，于是在特拉斯提弗列新建了一个 533 米 ×355 米的池塘，容量为 20 万立方米。池塘中的水是从阿尔西蒂努斯·拉库斯湖（现今马蒂尼亚诺湖）运来的，用时 15 天才将这个水池装满。参加战斗的船只通过与台伯河连通的通道进入围场，尼禄也在公元 59 年庆祝海战剧之后利用此通道回到宫殿（如上图这幅 17 世纪的版画所描绘的场景）。克劳狄决定在富辛湖干涸之前，为罗马人呈现一场前所未有的海战剧。塔西佗描述道，有 1.9 万名士兵参加了这场海战，他们分别登上三层桨和四层桨战船，身边围绕着分散在甲板上的禁卫步兵和禁卫骑兵。克劳狄身披豪华斗篷参与了这场表演，小阿格里皮娜伴随左右。在克劳狄下令停止屠杀之前，演员们进行了英勇的战斗。克劳狄的海战与蒂图斯即位那年在罗马斗兽场组织的那场战斗同样壮观。公元 109 年，图拉真在梵蒂冈建造了一个新的海战剧剧场。

斯负责保护小阿格里皮娜，而禁卫军则肩负对其监管的责任，然后迫使她离开皇宫。在公元 55 年年末，根据尼禄的姨妈朱妮亚·西拉娜和多米提娅·莱皮达的指控，小阿格里皮娜操办与奥古斯都母系后裔鲁贝利乌斯·普劳图斯的结婚事宜，这预示着帝国可能会再度发生类似于梅萨利纳和盖尤斯·西留斯的阴谋政变。参与计谋的人中包括阿弗拉尼乌斯·布鲁斯。尼禄最初不想相信这些指控，他利用禁卫军长官组成的调查委员会审讯了他的母亲。尼禄免除了鲁贝利乌斯的罪名，并判处西拉娜和另外两名告发者伊图里乌斯和卡尔维修斯诽谤罪并将他们流放。

三年后，公元 58 年，小阿格里皮娜试图利用与皇帝的利益冲突来获得元老院成员的支持，但塞涅卡挫败了她的计划，并教唆尼禄铲除她。

在米赛诺的舰队司令官阿尼切斯的帮助下，他们策划了一场对帝王母亲的谋杀，手段是使她在乘坐去往博勒海岸的途中溺亡，这艘船本应将她带到巴亚的别墅，然而小船没有下沉，使小阿格里皮娜奋力游到岸边逃过一劫。当晚，即公元 59 年 3 月 23 日，阿尼切斯、赫拉克勒斯和奥巴里图斯去参见小阿格里皮娜并暗杀了她。

这一可怕的罪行折磨了尼禄一生。他特别害怕民众的反应，在杀人案发生后的四个月里，他不敢返回罗马。此后不久，又有一位妇女出现在这位君主的生活中并征服了他：她就是波皮亚·萨宾娜，其在戏剧《屋大维娅》中被描述成一个“美丽而端庄”的女人。鲁弗里乌斯·克里斯皮诺斯是她的首任丈夫，随后波皮亚又与马库斯·萨尔维乌斯·奥托开始了第二段婚姻。皇帝瞬间被波皮亚深深吸引住，并立即撤去奥托在罗马的职务，任命他为卢西塔尼亚省总督。

波皮亚于公元 62 年怀孕，这对尼禄产生了政治影响。皇帝与一名与帝国世系无关的妇女结合，迫使其与屋大维娅离异，并身陷损害王位合法性的危险中。在元老院和公众的眼中，克劳狄的女儿是一个贞洁、端庄和矜持的女人，为了向他们证明这种休妻行为是正当的，尼禄指控她与埃及奴隶尤鲁斯通奸，并将她流放到坎帕尼亚。十二天后，尼禄娶了波皮亚。然而，民众要求流亡者返回祖国，向皇帝施压，迫使其召回屋大维娅，这引发了人们对屋大维娅回国的狂热游行，导致新皇后的雕像被悉数破坏。民众的宣泄行为使屋大维娅被判处死刑，她再次被指控犯有通奸罪，

小阿格里皮娜之死

在安东尼奥·里齐的这幅画中，尼禄弯下腰看着刚被自己手下杀死的母亲的尸体。对于罗马人来说，杀人是最严重的罪行之一，因此，小阿格里皮娜的去世对皇帝的声誉造成了毁灭性的影响（该画藏于克雷莫纳的市立博物馆中）。

这次是与杀死小阿格里皮娜的凶手阿尼切斯一起被指控的。当她在文托泰内岛上被流放时，被尼禄收买的刺客将她捆住，割断了她的血管，并将她扔入沸水中。

尼禄的第一个女儿出生于公元 63 年 1 月 21 日，但仅存活了四个月。两年后，波皮亚再次怀孕，却没有新的生命诞生。据苏埃托尼乌斯的说法，尼禄醉酒时踢了波皮亚一脚，造成未出生的婴儿及其母亲双双身亡。尼禄为他的家暴行为痛心自责，并希望保留妻子的遗体，他用香料对遗体进行防腐处理，在举办了一场公共葬礼并向死者授予神圣荣誉后，将其安葬在奥古斯都陵墓中。此后不久，他迎娶了阉割男孩斯波鲁斯，据卡西乌斯·狄奥称，原因是因为这个男孩与波皮亚长得很相像。

王朝的首批处决

尼禄同父异母兄弟的死亡、弑母罪和对屋大维娅的谋杀都属于尼禄的第一批罪行。这些谋杀刻画出了一个嗜血杀人犯的形象，这也就是《历史》(*Histoires*)从朱里亚・克劳狄王朝最后一位君主那里获取的图像。这些罪行是为了消灭竞争对手来维护政权而犯下的，而且这也使他统治下的“宽恕”政策成为摆设。

从公元 62 年起，即阿弗拉尼乌斯・布鲁斯去世的那年，由禁卫军长官盖尤斯・奥弗尼乌斯・提格利努斯和法尼乌斯・鲁弗斯领导的间谍小组有效地消除了所有针对尼禄的阴谋（由于提格利努斯的矫枉过正，在提比略和克劳狄统治下，因不敬罪被指控的受害者大幅增加）。他再次怀疑尼禄最危险的竞争对手是鲁贝利乌斯・普劳图斯和科尔内利乌斯・苏拉，他们都与帝国家族有联系。前者是奥古斯都的后裔，后者娶了克劳狄的第一个女儿克劳狄娅・安东尼娅。他们早在公元 55 年时就被指控策划阴谋，并被皇帝赦免。但是，随着普劳图斯的声望越来越高，神的预兆甚至将其称为王位继承人，这敦促尼禄将普劳图斯遣送至东部省份，以便将其从罗马驱逐出去。帝国解放者格拉普图斯于公元 58 年弹劾苏拉，并判处其流放于马赛。

流放给予普劳图斯和苏拉充足的时间，以此确保其所在省份驻扎军团的忠诚，同时获得强大的盟友。提格利努斯提醒尼禄危险迫在眉睫，而塔西佗说，这两名男子未经任何审判即被处死。但是，皮森已经在策划阴谋，导致尼禄在公元 65 年驾崩。

亚美尼亚的争夺

尼禄不仅要捍卫王位，还必须守卫他继承的帝国边界。克劳狄的继任者上台后，该帝国从不列颠地区的西南部、莱茵河和多瑙河的边界扩展到非洲的廷吉塔纳和埃及，再从卢西塔尼亚延伸到卡帕多西亚和叙利亚。在东部边界之外，亚美尼亚阻止了强大的帕提亚人（罗马宿敌）的前进。因此，帕提亚人和罗马人都不会同意亚美尼亚落入敌对势力的手中，这相当于狭路相逢的两个帝国之间的宣战。

公元 54 年，帕提亚帝国（也称阿萨息斯王朝）的沃洛加西斯一世国王宣布他

从帕提亚到亚美尼亚的阿萨息斯王朝

公元 54 年，帕提亚的沃诺尼斯二世（即下图硬币上所刻肖像）之子沃洛加西斯一世国王征服了亚美尼亚，并将这个王国传给了他的弟弟梯里达底，他认为帕提亚人的王位权高于外国君主（拉达米斯托）用非法手段篡夺的王位。他也由此违反了奥古斯都与帕提亚国王帕瑞斯四世签订的条约。

根据该条约，帕提亚人承认罗马授予亚美尼亚国王加冕的权力。然而，到了公元 55 年，亚美尼亚人宣称梯里达底为国王，并驱逐了拉达米斯托，其与妻子芝诺比阿女王逃往伊比利亚（乔治亚）。帕提亚人对亚美尼亚的干涉促使尼禄试图恢复罗马在亚美尼亚的影响。他将克内尤斯·多米蒂乌斯·科尔布罗任命为东方行动的负责人，这次行动达成了外交协议，帕提亚承认了罗马为保护国的身份。公元 66 年，阿萨息斯王朝的创始人梯里达底和他的妻子一起骑马前往意大利宣誓效忠尼禄。尼禄和帕提亚的国王在护卫队的陪同下，从那不勒斯出发，一起踏上了去往首都的道路。一路上充满了灯光和花环。一群身穿白色长袍并戴上桂冠的公民和身穿闪亮盔甲的士兵挤满了整个广场。尼禄穿着凯旋的礼服，承认了亚美尼亚的帕提亚国王身份。

插图 国王沃诺尼斯二世（现藏于伦敦大英博物馆）。

的兄弟，即亚美尼亚的梯里达底王取代统治者的位置，而在此之前，原统治者是罗马人的朋友，并一直统治着这片战略要地。亚美尼亚的控制也使帕提亚人可以在通往叙利亚的道路上自由通行，叙利亚曾是帝国最富有的省份之一。尼禄随后任命克内尤斯·多米蒂乌斯·科尔布罗为帕提亚战线前线的指挥官，以此强迫亚美尼亚服从罗马。先前由叙利亚总督努米迪乌斯·夸德拉图斯指挥的两个军团，以及来自德国的第四西徐亚军团全部加入了科尔布罗的军队。

在帕提亚-罗马冲突的九年中，帕提亚和罗马在冲突中各有胜负。最终，双方签订了外交协议，这标志着罗马历史上的第一次和平胜利。尽管如此，这仍同军事胜利一样备受赞誉。梯里达底被罗马承认为亚美尼亚国王，但不得不说罗马是其王国的保护力量。公元63年，为了达成和平协议，梯里达底在亚美尼亚首都阿尔塔萨特，献花圈于尼禄雕像的脚下。三年后，他进行了为期九个月的罗马陆路之行，为的是通过罗马皇帝再次得到加冕。这次旅行和仪式的花费相当于国库一年的收入，但是用和平的方式获得与帕提亚的和平是尼禄统治期间最不朽的成就之一。

不列颠地区的新起义

公元54至56年间，尼禄因边境不稳定而放弃了克劳狄胜利后取得的英属岛屿，又将不列颠省转变成与罗马结盟的独立国家，并由提比略·克劳狄乌斯·科吉杜布努斯治理。但是，皇帝对军务不感兴趣，这与元老院的扩张主义和好战主义背道而驰。公元58年，尼禄被迫出征威尔士，于是他将此行托付给总督昆图斯·韦拉尼乌斯，后又在其突发身亡后交给苏埃托尼乌斯·保利努斯。

当保利努斯征服了莫纳岛（安格尔西岛）时，此岛正被德鲁伊教祭司和赛勒斯部落作为游击战后备保障，来自不列颠东部的爱西尼部落在他们附庸罗马的国王普拉苏塔古斯（Prasutagos）逝世后起义反抗罗马。在普拉苏塔古斯的遗嘱中，尼禄被指定为其基业的继承人，但同时成为继承人的还有普拉苏塔古斯的两个女眷。塔西佗把她们其中一个——布狄卡形容成一名具有男人习性的凶悍女人，她公开表明自己对罗马充满敌意，并与邻近的特里诺文特部落结盟。克劳狄掠夺了该部落的领土，并在其前首都坎努罗杜努姆（科尔切斯特）建造了军团堡垒。不列颠的第一次袭击摧毁了伦敦和圣奥尔本斯的城市，并带走了7万罗马人。苏埃托尼乌斯·保利努斯设法与两个军团一起加入前线，扑灭了布狄卡领导的起义。布狄卡目睹了子民的溃败，并了结了自己的性命。

在这场起义胜利之后，由于与行省财务代理官尤利乌斯·克拉西西亚纽斯的意见不合，保利努斯想实施报复计划，但遭到尼禄的阻止，并在公元61年任命执政官彼得罗尼乌斯·图皮里亚努斯替代他，这标志着和平及城市重建进程的开始。刚被摧毁的伦敦市很快得以重新修建和规划，并成为不列颠行省的省会。

不列颠的传奇人物

士兵隆基努斯私家墓葬碑的浮雕刻画着他作为胜利者骑士的形象，他的脚踩着外族人。碑石在英国城市科尔切斯特发现，科尔切斯特旧名“坎努罗杜努姆”，被认为是英国最古老的城市。坎努罗杜努姆是特里诺文特部落的首府，建立于公元前25年左右。在卡图维劳尼的统治者塔西奥瓦努斯首次尝试失败后，最终由他的儿子库诺贝尔努斯征服了这座城市。罗马人取得胜利后，第二十瓦莱里亚·维克特里克斯军团驻扎在坎努罗杜努姆，营地很快转变成了殖民地和罗马省政府的所在地（收藏于科尔切斯特的科尔切斯特城堡博物馆）。

关于对艺术的热爱

和平主义的特征体现在尼禄的对外政策，以及他对谋杀性审判的厌恶（致使他与元老院相对立），如卢修斯·佩德罗萨·塞昆杜斯的奴隶的死刑，其特征也在道德改革计划里有所体现——旨在用古希腊文化的见解代替古罗马传统，使之更加文明。尼禄的文化革命主要是在新的学习场所中进行，这些学习场所包括体育学校、体育场和皇家学校。年轻的贵族们在那里学习并为体育和音乐比赛做好了准备，这些比赛逐渐在罗马节日的日历中占有一席之地。这些年轻人中有 500 人被选为奥古斯塔尼（Augustani）的主体，负责传播受古希腊影响和鼓舞的文化及体育思想。

然而，贵族拒绝了由尼禄实施的古希腊哲学文化的规划——“尼禄主义”。相反，贵族们竭力嘲笑他们的帝王，当尼禄向大众卖弄他的艺术才华时，他们把尼禄描绘成一个极其自恋又狂妄自大的人，并认为尼禄什么都不喜欢，这种说法足以令人怀疑。传统的罗马公民喜欢在专业人士的带领下进行暴力表演，诸如诗歌、戏剧或音乐这类艺术表演则属于私人范围的活动。与罗马的传统相反，古希腊文化偏向于强调参与者躯体和道德美感的非暴力竞赛，如体育竞赛或艺术竞赛。

在尝试改变罗马人思想的层面上，尼禄废除了战斗至死的竞赛，促进了诸如尼禄主义之类的音乐戏剧游戏的组织，并迫使元老院成员和骑士参与其中。尼禄的艺术表现欲于公元 64 年在那不勒斯展现出来，他集齐特拉琴弹奏者、歌手、喜剧演员及御者于一身。

罗马大火与阴谋

同年，由奥古斯都划分的罗马十四个区中，有十个区几乎都被一场可怕的大火摧毁。大约 1 个世纪后，苏埃托尼乌斯和卡西乌斯·狄奥指责皇帝为了使新的帝国首都符合更为实用的城市标准，而将这座城市推向火坑。在尼禄时期的一些作家，无论弗拉维乌斯·约瑟夫斯、马蒂亚尔、克鲁武斯·鲁弗斯还是克莱门特（罗马主教），完全没有提起这场大火。关于皇帝乔装打扮成弹奏齐特拉琴的人，并在帕拉蒂尼山或埃斯奎林山的山顶高歌的画面，似乎只是想象的结果。如今，毫无疑问，这

阿波罗弹奏的里拉琴

在大众的想象中，尼禄在罗马大火中演奏了里拉琴。里拉琴是阿波罗乐器，它象征着文化和音乐，正如公元 1 世纪的这座雕塑所展现的那样（卢多维西收藏品，收藏于罗马国家博物馆）。

罗马之火

罗马的巨大建筑成为火焰的猎物，法国休伯特·罗伯特于 1787 年通过这幅油画（下页）展现了这一历史事件（收藏于圣彼得堡冬宫的赫米蒂奇博物馆）。

场灾难的起因是偶然的。

大火在公元 64 年 7 月 18 日夜间，在马克西姆斯广场的边缘爆发，此处靠近帕拉蒂尼山和凯利乌斯山，在设有仓库、市场、房屋和小酒馆的街区中。夏天的干燥和大风使大火越烧越旺，火焰在广场、维拉布鲁姆街区和屠牛广场周围的狭窄街道中蔓延。当时在安齐奥别墅中的尼禄立即返回首都。

在大火燃烧的第三天，面对大火，罗马消防队无能为力，就算是用富人们的鱼塘里的水也无济于事，尼禄下令在埃斯奎林建立防火带，与此同时，砍伐周围的树木并摧毁房屋。经过七天的奋战，大火终于得以控制。火灾起源的三个街区被烧成灰烬，另外七个街区也受到了严重影响，只剩四个街区（埃斯奎林、卡佩纳门、阿尔塔塞米塔和特拉斯提弗列）没有被毁坏。皇帝在战神广场、小阿格里皮娜花园、朱里亚神庙、维普萨尼亚柱廊和万神殿为受害者建造了庇护所。他还为邻近社区的受害者提供了必要的帮助。

大火在帕拉蒂尼的山坡上及提格利努斯拥有的埃米利亚尼·奥尔蒂城中爆发，这使人们相信这是针对皇帝的一场谋杀。然而，此刻受到强烈谴责的是那些基督教狂热者团体，他们将罗马视为新的索多姆与戈摩尔（邪恶之城），并宣扬大火是对首都的救赎。火灾过后，提格利努斯的间谍混入了基督教圈子，他们在赞美诗中表达了对这场灾难的喜悦之情。于是，对基督教徒的首次审判很快就展开了，并在其过程中引用了《关于谋杀罪的科尔奈里亚法》和《关于公暴力的尤利亚法》。由于这些基督徒中有许多

金宫：皇帝的黄金屋

彼得·康诺利用他的一幅精美的水彩画重新绘制了多莫斯·奥里亚皇宫，这是尼禄在公元 64 年罗马大火后建造的皇家宫所。苏埃托尼乌斯对此做了如下描述：在皇宫雄伟的前厅竖立着一座巨大的皇帝雕像，高 36 米……还有一个大湖，四周都是城市的建筑物，还有草地和树林……下图是八角形的房间。

①**蒂贝里亚纳宫殿** 它是帕拉蒂尼山上的第一座真正的皇宫，与奥比乌斯山的两座尼禄式建筑相连。

②**门厅入口** 人们在那里竖立了一个1500米长的柱廊，还有一座巨大的尼禄式太阳神雕像，并为弗拉维安露天剧场取名为罗马竞技场。

③**围场** 建筑物被田野、葡萄园、草地和树林所包围，里面挤满了家畜和野生动物。

④**“看起来像海”的湖** 据苏埃托尼乌斯的说法，该湖位于奥比乌斯山的大片土地上，韦帕芗后来在那儿建造了弗拉维安露天剧场。

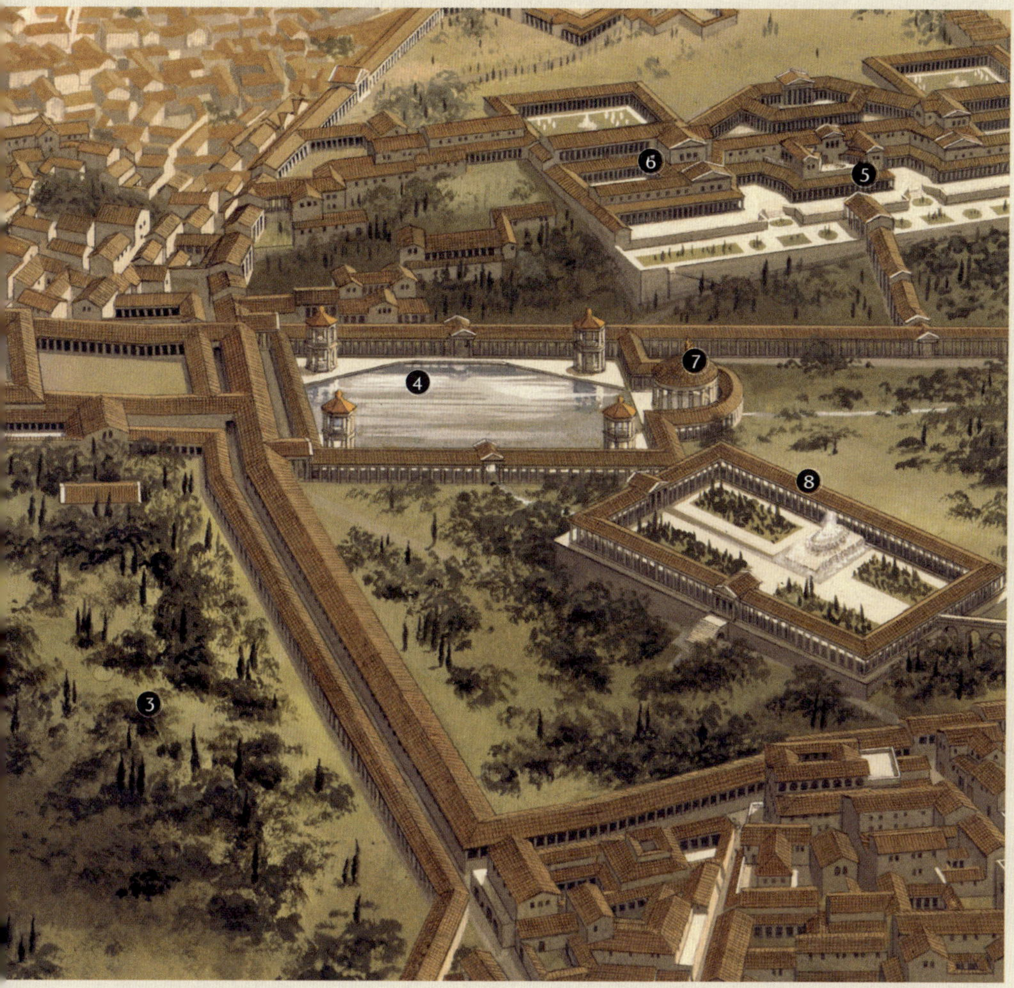

⑤**梅塞纳斯花园** 它们位于埃斯奎林山上，它与第一个皇宫——金宫与帕拉蒂尼山住所相连。

⑥**宫殿** 根据苏埃托尼乌斯的说法："它被黄金覆盖，并用宝石和珍珠母贝装饰。"它拥有移动圆顶的饭厅和装有海水的浴缸。

⑦**八角形房间** 金宫遗址中最重要的房间，于公元104至109年间被埋在图拉真浴池下。

⑧**有喷水池的洞窟** 这个巨大的喷水池被花园环绕，并竖立在被大火烧毁的神圣克劳狄神庙的废墟附近。

是奴隶，因此他们被折磨至认罪，近300名奴隶中，有些被判处火刑，有些被钉死在十字架上，还有些被当作喂食野兽的饲料。

这些残暴的惩罚使尼禄背上嗜血怪物后代的骂名。但事实上，尼禄对城市的建设做出了积极的贡献，他根据合理且实用的城市规划，于公元64年夏季开始了罗马的重建工作。塔西佗说："每个街区的边界都得到了明确的界定，他规划出了宽阔的街道，建筑物的最高高度定为25米，并建造了由柱廊包围的庭院用来保护房屋的前部。这种城市再规划是在与公民的共同协作下进行的，当他们建造的建筑物质量优良并按时交付时，他们将获得奖励。在将小麦运送到首都之后，返回奥斯蒂亚的船只就把剩余的瓦砾运走了。"

尼禄的主要建设政策还包括完成由克劳狄时期建造的奥斯蒂亚港口，以及在大莱普提斯（利比亚）、色雷斯、叙利亚、比西尼亚和加里亚·那尔玻年西斯几个地区的大项目。然而，最令人钦佩的成就无疑是新的皇宫——金宫。这座宫殿包含帕拉蒂尼和维米那勒山之间竖立的建筑群，这些建筑分布于树林、草地、湖泊、寺庙和立有杰出希腊雕像的雄伟建筑之间。

奥比乌斯山的帝国皇宫被弗拉维王朝君主占领，后改建为多莫斯·提蒂和温泉浴场，并于公元80年启用。公元104年，一场新的大火烧毁了宫殿仅有的部分，以及在宫殿废墟上建造的图拉真的热水浴场。

塔西佗向我们讲述了火灾发生时，尼禄只身在大火中奔跑，身边并无护卫军，而苏比鲁斯·弗拉维乌斯军官很想抓住这次机会，实施之前与盖尤斯·卡尔普尼乌斯·皮森、一群元老院成员和骑士共同谋划好的弑君行动。皮森的阴谋是由于阶级间的和谐平衡被打破而引发的。

事实上，元老院的命令不再能够捍卫元老院的利益，政府优先为政治新贵（骑士、军人和省级公民）授予政治代表的职位。此外，货币改革使民众受益，但损害了大农场主的利益。最后，尼禄的文化改革渴望罗马传统和君主制原则能够希腊化，但这使传统的共和党派蒙了羞。

诸多共谋者中，皮森被选为尼禄死后的替代者；元老院成员中有诗人卢卡恩；骑士中有皇帝的老朋友克劳狄乌斯·塞内西奥；同样也有士兵、百人队长及禁卫军长官之一的法尼乌斯·鲁弗斯，他出于忌妒同为禁卫军长官的提格利努斯的影响力而参与了进来。根据一项具体计划，弑君行动将在塞雷利亚庆典期间在马克西姆斯马戏团举行。普拉蒂乌斯·拉图努斯要借此机会接近尼禄并将他掀翻在地，而弗拉维乌斯·塞维努斯会捅他第一刀。与此同时，皮森将在谷神星庙里等待，由法尼乌斯·鲁弗斯将其带到普拉托里亚军营。在那里，受克劳狄的女儿克劳狄娅·安东尼娅支持，皮森会被任命为皇帝。当塞涅卡兄弟的情妇埃皮恰里斯将米赛诺舰队的指挥官卷入这场阴谋中时，这些计划遭到挫败。其中参与谋杀小阿格里皮娜的沃洛休斯·普罗弗斯，向皇帝告发了所有谋反者，埃皮恰里斯被捕。

塞涅卡自杀

公元 65 年 4 月 18 日，塞涅卡释放了自己的奴隶，然后他组织了一场宴会，并与谋反者之一的安东尼奥·纳塔利斯秘密会面。然后，这位哲学家命令他的仆人米利克磨尖匕首并准备绷带，仆人怀疑主人的弑君意图，立即跑到宫殿，警告埃帕弗洛迪图斯和尼禄，说“可怕的事情”第二天就会发生。尼禄审讯了塞维努斯，但是没有结果，然后他又审问了纳塔里斯，后者指控皮森和塞涅卡策划了这一阴谋。

计划一旦失败，谋反者就要揭发这场行动的参与者。埃皮恰里斯是唯一保持沉默的人，即便她受到了严刑拷打。尼禄命令日耳曼士兵监视城墙和所有通往城市的道路，并宣布全城处于戒严状态。皮森看到皇帝的士兵到来，便在他的别墅里自杀了。

塞涅卡自公元 62 年就离开皇帝，按照老普林尼和卡西乌斯·狄奥的话说，他正准备另一场阴谋以阻止皮森上台，他居住在距罗马 4 英里的别墅中，由他的妻子庞培·波琳和两个朋友陪同。其中一名谋反者盖尤斯·西尔瓦努斯站在他面前，要求追究其责任，塞涅卡试图证明自己的无辜。在听到西尔瓦努斯带来的哲学家的回答后，皇帝下达了这项命令：“回家告诉他，他必须得死。”不过，军官还是决定派百夫长到塞涅卡的住所向其宣布判决。

《萨蒂利孔》和艺术鉴赏家

公元 15 和 16 世纪，通过抄录手抄本中的片段，并将这些不同片段的汇总共同构成名为《萨蒂利孔》的著作。人们确定其作者为佩特罗尼乌斯，他与出现在塔西佗著作中的人物同名。在塔西佗的笔下，佩特罗尼乌斯被称为“艺术鉴赏家”，并因其在奢侈享乐中而不失优雅的举止而被尼禄王朝所接受。

塔西佗笔下的佩特罗尼乌斯实际上是 62 岁的执政官蒂图斯·佩特罗尼乌斯·尼日尔，他是一个“冷淡”“随性且优雅”及“因默默无闻而获得了荣耀”的人。尼禄向他敞开了心扉，并因为佩特罗尼乌斯的好品味而相信他，这激起了提格利努斯的忌妒，因此造成佩特罗尼乌斯的毁灭。佩特罗尼乌斯被尼禄囚禁在监狱中，他一步一步慢慢地自杀：“佩特罗尼乌斯先小心翼翼地割开了血管，随后收紧血管，然后再次将其重新割开。”临终前，他写了一首讽刺诗，诗中说道：“以无耻的年轻男子和堕落的妇女的名字描述了王子史无前例的狂欢。”关于这首讽刺诗是《萨蒂利孔》（*Satiricon*）的假设已经被驳回，但是佩特罗尼乌斯仍然被认为是这首罗马贵族世界讽刺诗的作者，该讽刺诗由乔治斯·安东尼·罗什格罗斯于 1902 年用插画展现（私人收藏）。

塔西佗在对塞涅卡这位哲学家之死的描述中参考了苏格拉底死亡的事件。塞涅卡和他的妻子波琳切断了自己的脚踝和手腕的静脉。尼禄得知波琳的无辜后，尽管仍有时间下令赦免她，但还没等到尼禄的赦免令，波琳便离开了丈夫。看到死亡来得太慢的塞涅卡要求他的朋友史黛斯给他下毒，但那也无济于事。于是，他的朋友们将他浸入热水浴中，最终他因溺水及失血过多而死亡。

犹地亚起义

在罗马遭受毁灭性大火和皮森的阴谋之后（这场阴谋导致盖尤斯·佩特罗尼乌斯·阿尔比特被定罪，他是《萨蒂利孔》[《爱情神话》] 的作者，同时被判罪的还有克劳狄娅·安东尼娅及马库斯·阿努斯·梅拉。盖尤斯·佩特罗尼乌斯·阿尔比特是塞涅卡的兄弟，卢坎及元老院成员普布利乌斯·克洛狄乌斯·特拉塞亚·帕埃图斯的父亲），东部省份也爆发了新的冲突，冲突的爆发表明人民对尼禄的不满，这件事导致尼禄垮台。

公元 66 年 5 月，盖西斯·弗洛鲁斯担任犹地亚地区的检察官时，人民起义反对没收耶路撒冷圣殿的财宝，反对诉讼代理人及其妻子克利奥帕特拉的残酷和贪婪，后者是波皮亚的朋友。民众奋起抵抗罗马军队，弗洛鲁斯被迫向叙利亚的行省总督盖尤斯·塞斯蒂乌斯·加卢斯求助，加卢斯派出 3 万名士兵镇压了叛乱。但是，犹太人拿起武器保卫耶路撒冷，并迫使加卢斯返回自己的行省。公元 67 年 2 月，尼禄决定将弗拉维乌斯·韦帕芗派往犹地亚，其在色雷斯、日耳曼和不列颠的战场上表现得非常英勇。在他的儿子，未来的提图斯皇帝的帮助下，他很快成功地制服了叛乱分子，并在公元 70 年占领了耶路撒冷。

与此同时，新的叛乱正在罗马上演，由卢修斯·安尼乌斯·维尼修斯（卡利古拉致命阴谋的领导人安尼乌斯·维尼西安努斯之子）领导，许多总督或高级军官参加了这次密谋，如科尔布罗、鲁弗斯和普罗库鲁斯·斯里布尼乌斯兄弟一样驻扎在日耳曼上下部的军团指挥官。他们计划在贝内文托对皇帝发起一次谋杀，这是最初计划在公元 66 年夏季希腊之行的第一步。

柯林斯的罗马浴场

这座古希腊城市，在公元前146年的阿哈伊亚战争中被摧毁，并于公元前1世纪在尤利乌斯·恺撒的领导下得以重建，目前已成为具有极高文化声誉的罗马式城市。在希腊化的世界中，这座城市过往的重要性和优越的地位都对尼禄城市的选择起到了至关重要的作用，而尼禄对这座城市的选择确实使人们对希腊文化充满了热情。

提格利努斯的间谍再次证明了他们的高效：他们挫败了这一阴谋，同谋者被命令自杀，很多罗马贵族也是如此下场。

从那天起，尼禄与元老院的决裂就此结束。同年，尼禄顺利实现了首次也是唯一一次出境——意大利之行。他去了希腊，并在那里住了一年多，由他的第三任妻子斯塔西娅·梅萨利纳、阉人斯波鲁斯、1000名禁卫军士兵及5000多人的护卫队陪同。

尼禄在希腊的长期逗留是由于他对文化革命的奉献精神，以及他对希腊的偏爱，尼禄曾向公众数次表明他亲希腊的想法，这在他执政初期十分明显。

众叛亲离的皇帝

维尼修斯的阴谋清楚地表明，皇帝不再获得最高军队及贵族的支持。后者甚至下定决心不惜一切代价取代皇帝。尼禄离罗马太远无法维持其名望，最终他失去了仅存的支持——人民的支持。在前往希腊的行程中，他显然坐实了自己想要转移罗马的权力，并在远离帝国摇篮的海外领土——柯林斯建立权力的愿望。作为受到东方文化熏陶的希腊文化之城，柯林斯很可能是尼禄选择发展他正努力建立的新君主制原则的城市，也可能是未来的首都。放弃罗马而改用柯林斯就是对尼禄文化革命的认证。

为发起这场革命，尼禄最初以身作则。他是古代音乐演奏艺术的伟大爱好者，曾在当年举办的四大希腊运动会中演奏齐特拉琴（四大竞技赛事分别为奥林匹克竞赛、皮提亚竞技赛、伊斯特米亚竞技赛和尼米亚竞技赛），而且他还赢得了 1808 枚奖牌并被称为“大满贯”，这是为赢得四大赛事的人授予的荣誉头衔。回到柯林斯，他着手进行一项重要的开发项目：在柯林斯地峡上挖一条长 6000 米的运河，以此省去船只绕道伯罗奔尼撒半岛。为了实现这一野心勃勃的项目，镇压犹地亚活动的军团指挥官韦帕芗派遣了 6000 名囚犯，并增加了 1 万名被判处强制劳动的人。因为这个施工场地是为了提高君主的权力，强化帝国的权力及显示皇帝对这个东方行省的偏爱，他于公元 67 年 11 月 28 日授予了该行省经济和政治的自治权。

当尼禄花了一点国库里的钱时，不满情绪在罗马日发高涨：人民正遭受着小麦配给延误和时断时续的困扰，军队和元老院陷入混乱，公共财政状况更加不稳定。皇帝一心沉迷于艺术，对他子民的困境漠不关心。

梅里达的考古遗址群

此图为梅里达罗马剧院的局部视图，梅里达是支持韦帕芗（四帝之争的赢家）的西班牙城市之一。

插图（右侧） 这盏油灯图，是人们在埃斯特附近的威尼托的某个罗马坟墓中发现的。在浅浮雕上，刻画着幸福女神的雕像（收藏于埃斯特的阿斯蒂诺国家博物馆）。

四帝之年

塔西佗在他的作品《历史》(*Histoires*)中总结了尼禄去世后发生的事件：四个王子成为阶下囚；三次内战；意大利新的灾难；坎帕尼亚最富有的地区被破坏或被淹没在废墟之中；罗马被大火摧残，烧毁了最古老的庙宇；卡比托利欧山也焚毁在市民手中。

为了说服尼禄返回罗马，他的获释奴隶海利乌斯于公元68年1月亲自前往希腊，警告皇帝他将面临的困境。这是帝国历史上第一次出现总督（盖尤斯·尤利乌斯·文德克斯）公开反对皇帝的事件。文德克斯用扔硬币的方法做了几次预测，结果便是他恳请上天赐予一个“复兴的罗马”，并恢复受到尼禄迫害的浪漫主义。尽管他手下没有庞大的军事部队，以及他统治的省会卢格敦高卢没有跟随他进行叛乱，他还是设法获得了近西班牙总督塞尔维乌斯·苏尔皮基乌斯·加尔巴的支持。文德克斯向加尔巴承诺会成为他的支持者，前提是加尔巴同意成为皇帝。有意思的是，正当文德克斯鼓励加尔巴起义反抗尼禄时，阿基坦总督同样要求加尔巴镇压文德克斯叛乱。

四帝之年

公元68年6月

在尼禄死后，近西班牙行省的总督塞尔维乌斯·苏尔皮基乌斯·加尔巴自立为皇帝。

公元69年1月1日

奥鲁斯·维特里乌斯是在下日耳曼行省的罗马总督，科洛尼亚·阿格里皮娜市的军团把他拥立为皇帝。

公元69年1月15日

贵族们拥立马库斯·萨尔维乌斯·奥托为帝，并杀死了塞尔维乌斯·苏尔皮基乌斯·加尔巴。

公元69年4月14日

贝德里亚库姆的第一战。奥托的部队被奥鲁斯·卡西纳和法比乌斯·瓦伦斯领导的维特里乌斯军团击败。

公元69年10月24日

贝德里亚库姆的第二次战斗。支持韦帕芗的达努比军团战胜了维特里乌斯的军队。

公元69年12月29日

维特里乌斯在罗马被暗杀后，元老院任命当时在亚历山大的韦帕芗为皇帝，这标志着弗拉维王朝的开始。

不得不说，加尔巴是罗马帝国中最富有的人之一，也是最古老的罗马血统后裔之一。他的家庭起源可以追溯到朱庇特神，其祖先里包含罗马共和国的数位执政官和大法官。直到 30 岁时，得益于利维亚的交涉，加尔巴被任命为行省总督，然后由卡利古拉任命其代替兰图鲁斯 · 盖图里库斯接任日耳曼军团司令。加尔巴也是克劳狄的随行人员之一。他曾在非洲担任过行省总督。公元60年，尼禄任命他为西班牙塔拉戈纳行省的总督。

当加尔巴决定出卖皇帝时，他已经 70 多岁了。此外，普鲁塔克说，他做出这样的

选择是因为他截获了尼禄下令暗杀的一封信才决定的。公元 68 年 4 月 2 日，加尔巴在一个布满了人物肖像的法庭中（这些人均被尼禄判刑和谋杀），站在一群精神恍惚的人面前，他称自己是元老院和罗马人民的总督，并向他们许诺自由。他将第六凯旋军团和第七加尔比亚纳军团与辅助部队整合，并得到了卢西塔尼亚的总督马库斯·萨尔维乌斯·奥托的支持。奥托就是几年前被尼禄抢夺了妻子——波皮亚的那个男人。

在整个西班牙地区，只有贝提卡的总督一直忠心于国家和皇帝。但是，当尼禄得知

尼禄的自杀

俄国画家瓦西里·谢尔盖耶维奇发现了一块 1888 年的画布，这块画布非常出名，他在那块画布上绘制了朱里亚·克劳狄王朝的最后一个皇帝之死。据塔西佗称，元老院和罗马上流社会对尼禄之死感到很高兴。然而，平民却陷入悲伤之中，其他历史学家也对塔西佗描述的这种矛盾现象提出了质疑。

加尔巴谋反时，他并没有不惜一切代价捍卫自己的王权，而是计划与加尔巴分享帝国，这样一来，尼禄退位的时候就能在亚历山大安享晚年，并以诗人和齐特拉琴者的身份沉浸在自己的艺术创作中。实际上，尼禄不想率军打仗，因为他拥有的所有军事知识，仅限于年少时与阿弗拉尼乌斯・布鲁斯一起所学，并没有实战经验。经过一阵犹豫之后，尼禄说服元老院把加尔巴设为公敌，并派出彼得罗尼乌斯・图皮里亚努斯和鲁比留斯・加卢斯共同率领三支军团攻打他。

实际上，尼禄的命运，就如同文德克斯在高卢率领的10万多叛军的命运一样，它们都掌握在上日耳曼尼亚总督卢修斯・维吉尼乌斯・鲁弗斯的手中。鲁弗斯拥有帝国东方地区最大的军队，他们驻扎在莱茵河附近。根据卡西乌斯・狄奥的叙述，大约在公元68年5月末，维吉尼乌斯・鲁弗斯向文德克斯发起了进攻，并围攻了由文德克斯守卫的维森蒂乌姆城（贝桑松）。经过两位将军秘密谈判，文德克斯把他的士兵们派遣到这座城市中。但是鲁弗斯的部队却将这一行动解释为突袭，并击退了对手。文德克斯目睹自己的失败后，了结了自己的性命。莱茵河大军为维吉尼乌斯・鲁弗斯欢呼，并称他为恺撒和奥古斯都，但维吉尼乌斯拒绝接受这些头衔。

多亏维吉尼乌斯・鲁弗斯、达尔马提亚和潘诺尼亚的总督，以及下日耳曼领导者的胜利和忠诚，尼禄再次处于上风，加尔巴被迫将军队撤回西班牙，等待皇帝因他的背叛的赐死。虽然此时加尔巴已放弃抢夺政权，尼禄暂且保住了皇位，但是接下来发生的事情还是使加尔巴处于弱势的局面有所改变：缺乏军事经验并在反击时犹豫的尼禄，使那些尚未选择阵营的人转而支持加尔巴。然而，正是两名禁卫军长官使皇帝走向最终的灭亡：第一名是盖尤斯・奥弗尼乌斯・提格利努斯，他擅离职守并逃出罗马；另一名叫盖尤斯・尼菲迪乌斯・萨比努斯，因为他利用虚假消息，并许诺给予丰厚报酬来引诱禁卫军。

“伟大的艺术家就要与我同归于尽了！”

尼菲迪乌斯・萨比努斯说服尼禄离开金宫去塞尔维利亚尼・奥尔蒂藏身。他向驻扎在卡斯特拉・普雷托里亚的士兵传达了皇帝已经离开王宫并逃往埃及的想法，正如皇帝三番五次宣称的那样。此外，他曾保证，加尔巴会给每位禁卫军 3 万银币，每个退伍军人 6000 银币，前提是他们要宣布加尔巴为新皇帝。那一年发生的事件比罗马史上其他任何事件都能表明，不仅仅是军队内部缺乏纪律，而且军队将领们也会受野心影响做出草率选择。这样一来，军队做出的不同抉择可能会改变整个帝国的命运。尼禄的死终结了朱里亚·克劳狄王朝的统治，据塔西佗说，他的死也标志着“灾难遍野，炮火连天，暴乱造成家破人亡，甚至在和平年代仍旧被残暴侵略的时期”的开始。

公元 68 年 6 月 9 日上午，尼禄独自醒来，十四年前支持他称帝的人全都离他而去，而现在他们甚至剥夺了他痛快死亡的权利。留在尼禄身边的人只有帕夫罗狄特、斯波鲁斯和法恩，他们在皇帝离罗马四英里的别墅中迎接他，这是尼禄最终的庇护所。他们伪装成奴隶骑着马离开首都，一到达别墅，他们就说服尼禄自杀，以免他被加尔巴的士兵逮捕并遭受酷刑侮辱，这对刚刚被宣布为罗马公敌的男人来说无疑是一种惩罚。皇帝不停地哀叹说：“伟大的艺术家就要与我同归于尽了！”尼禄请求人们为他挖掘坟墓，并给他举行一个每个死者都可以举办的简单葬礼。当他听到疾驰的马匹驶来时，尼禄将匕首刺入自己的喉咙。被他解放的奴隶将他安葬在萨拉里亚和诺门塔纳路之间。在尼禄执政期间，被其剥夺了所有权力的元老院，对他施行“记录抹杀刑”。因此，所有带有他肖像的雕像和刻有他名字的铭文都被销毁了。

阅兵制服

在阅兵期间，罗马军官展示了羽毛装饰的头盔和漂亮的盔甲，此为其大理石雕像（现藏于罗马文明博物馆）。

加尔巴失去人心

加尔巴得知尼禄死讯后，便启程前往罗马。维吉尼乌斯·鲁弗斯在路上向他介绍自己，并表达自己的敬意，元老院大使在纳尔博马蒂乌斯（纳巴达）附近与他会面。经过近三个月的长途跋涉，加尔巴终于抵达罗马，他在那里被任命为皇帝。这段时间里，罗马由尼菲迪乌斯·萨比努斯统治，人

生活在朱里亚·克劳狄王朝阴影下的四个皇帝

元老院于公元 68 年承认塞尔维乌斯·苏尔皮基乌斯·加尔巴为皇帝，从而批准了加尔巴选择他的军队，并将为元老院利益服务的贵族置于帝国首位。

在加尔巴与朱里亚·克劳狄家族的关系为其提供了有利条件——利维亚使他成了她的主要继承人，同时，加尔巴获得了卡利古拉和克劳狄的支持。加尔巴曾经在塔拉戈纳被授予总督头衔，以此表彰他在德国和非洲无可挑剔的军事功绩。他正是从近西班牙行省去罗马，接受加冕成为皇帝的。奥托还是利维亚的盟友，多亏利维亚，他在元老院拥有一席之地。尼禄派他去卢西塔尼亚担任总督，以此让他远离自己的妻子——波皮亚·萨宾娜，即皇帝再婚的妻子。维特里乌斯同样在朱里亚·克劳狄家族的阴影下成长。他的祖父曾是奥古斯都的遗产代理人，他的父亲建立了把卡利古拉当成上帝一样尊崇的习俗，他因此对克劳狄百般讨好。克劳狄征战不列颠时曾将帝国治理委托给维特里乌斯。另外，由于其独一无二的军事功绩，韦帕芗成为四大皇帝中唯一一位登上帝国之巅的人。

①

②

① **塞尔维乌斯·苏尔皮基乌斯·加尔巴** 公元前3年12月23日出生于泰拉奇纳。并在称帝7个月后去世，享年72岁。苏埃托尼乌斯绘制了一幅“完全秃顶，拥有蓝眼睛、鹰嘴鼻，脚和手因为痛风而完全变形”的男人肖像，尽管这个男人很幸运，苏埃托尼乌斯在画中还是塑造了他残酷且顽强的形象（收藏于罗马的博尔盖赛美术博物馆）。

② **马库斯·萨尔维乌斯·奥托** 奥托出生于费伦蒂诺的贵族家庭，在37岁去世前，登上皇帝宝座总共3个月。他被人们称作“一个没有头脑，卑鄙且怪诞的人”。根据苏埃托尼乌斯的说法，奥托个子很矮小，有一双畸形的脚，走路的姿势像个女人。他一直戴着假发，并每天剃光自己的头发。

③ **奥鲁斯·维特里乌斯** 他来自诺切拉，并于公元69年4月16日接替奥托登上皇位。他以暴殄天物、野心勃勃和放荡不羁的性格著称。得益于莱茵军团司令官奥鲁斯·卡西纳·阿列安努斯和法比乌斯·瓦伦斯的支持，他被拥立为皇帝（收藏于佛罗伦萨乌菲兹美术馆）。

④ **提图斯·弗拉维乌斯·维斯帕西安努斯（韦帕芗）** 他是税吏的儿子，公元9年出生于法拉克林·维库斯的骑士家族。他与弗拉维亚·多米蒂利亚结婚，育有两个孩子提多斯和多米蒂安，两个儿子分别在公元79年和公元81年继承了他的王位。韦帕芗天性活泼可爱，他身体健康，喜好取笑别人（收藏于罗马卡比托利欧博物馆）。

们认为他是罗马最大的恩人，因为他加速了尼禄王朝的灭亡。加尔巴声称自己与朱利安家族有亲属关系，并且是盖尤斯・恺撒（卡利古拉）的儿子。为了赢得人民对他的支持，他决定迫害暴君的所有拥护者，元老院称加尔巴因此谋杀了很多人。据普鲁塔克称，不久后，人们开始悼念尼禄。

加尔巴抵达罗马后发生的一些事引发了一场血腥的内战。在这些事件中，帝国军团相互对峙，并对内战爆发起了决定性的作用。加尔巴宽宏大量的声誉迅速恶化。新皇帝很快被形容为一个昏庸且残酷的人，因为他被身边的顾问们，诸如提图斯·维尼乌斯・鲁菲努斯那样的人操纵。普鲁塔克形容加尔巴是一个“被自己的吝啬蒙蔽了双眼”的人。科尼利厄斯・拉科则取代尼菲迪乌斯・萨比努斯担任禁卫军长官。他原以为自己可以一辈子独任此职，于是尼菲迪乌斯・萨比努斯在被撤职的时候，便发动了叛乱，这场行动最终使他丧命。事实上，他死于同伙之手。

加尔巴进入罗马时发生了一场惨烈的屠杀，受害者是声称已经参军的军舰水手，以及朱里亚・克劳狄王朝末代皇帝的所有拥护者——提格利尼努斯除外——他被认为是暴政的教唆者。

镇压伴随着严苛的财政整顿措施。加尔巴没有向禁卫军和退伍军人支付应得的报酬，甚至试图将报酬恢复到尼禄执政时期的标准，这种做法激起了人民和禁卫军队的愤慨，这些人几个月前还曾主张加尔巴为皇帝。

维特里乌斯和奥托

军队不满的情绪不仅蔓延到日耳曼军团，而且影响到当时士兵对当地政权的忠诚度。当士兵们看到加尔巴赋予高卢人公民身份（这曾是文德克斯下令叛乱的城市），并削减其赋税，而他们自己的忠诚和支持得不到回报时，他们决定拥立新皇帝。他们最终选择了下日耳曼尼亚部队的指挥官奥鲁斯・维特里乌斯将军，他仅仅用了一天的行程就到达了科隆。维特里乌斯以其英勇和良好的品格而闻名。普鲁塔克转述了士兵们的话：“让我们宣布他为皇帝；我们也要向全世界展示，我们知道如何做出比西班牙人和卢西塔尼亚人更好的选择。”公元 69 年 1 月 2 日，维特里乌斯接受了日耳曼尼库斯的名字，但拒绝了恺撒的头衔。

像日耳曼军队一样，在卢修斯·克洛狄乌斯·麦克尔的指挥下，进驻非洲的第三奥古斯塔军团不接受加尔巴的帝国宣言，而这对非洲向罗马谷物的出口造成了极大损失。面对迫在眉睫的补给，延吉塔纳毛里塔尼亚的总督被勒令杀死克洛狄乌斯·麦克尔，并由瓦莱里乌斯·费斯图斯取代其上位。

在此期间，在首都拥护维特里乌斯为帝的消息传到了加尔巴的耳朵里，后者随后采取了必要措施来确保自己后继有人。令奥托感到惊讶的是，当年他与维尼乌斯及加尔巴继任者主要候选人一起担任执政官，加尔巴却选择了克鲁萨斯和斯格里布拉的儿子卢修斯·卡尔普尼乌斯·皮森·李锡尼亚努斯，他是一位姿态高贵、举止端庄、品德高尚的人。从继承候选人中被排除了之后，奥托在获得心存不满的禁卫军部队的支持后，自立为皇帝，随后力图消灭所有可能威胁他权力的人。在加尔巴开始采取行动前，他先杀死了加尔巴，然后杀死了李锡尼亚努斯。接下来，就轮到加尔巴两个最忠实的顾问维尼乌斯和拉科，最后是他最狂热的支持者。

元老院于公元 69 年 1 月 15 日召开会议向奥托宣誓，并授予他恺撒和奥古斯都的头衔，此时广场上仍遍布着尸体。

贝德里亚库姆之战

公元 69 年年初，有两个人几乎同时称帝，一个在帝国最军事化的地区日耳曼，另一个则在首都。奥托一听说维特里乌斯的宣言，就立即向北征伐意大利领土，以及所有支持他对手的行省。他有四个军团：第七加尔比亚纳军团，它曾在西班牙附属于加尔巴，然后在潘诺尼亚附属于安东尼·普里默斯；第十一克劳狄亚·皮亚·菲德利斯军团；第十三合组军团，驻扎在普图伊，历史学家苏埃托尼乌斯的父亲苏埃托尼乌斯·勒图斯军长属于其中一员；第十四马提亚·维克特里克斯合组军团。步兵和骑兵的辅助部队，5 队禁卫军和 2000 名角斗士加入了 8000 人的军团。安尼乌斯·加卢斯被任命为司令，并在维斯特里修斯·斯皮林纳的陪同下率领军队占领了波河河岸。尽管奥托的士兵比维特里乌斯的士兵多得多，但他们的行动速度较慢且缺乏纪律。当时，在今属意大利的城市里，人们害怕军队的前进，因为士兵们会掠夺、焚烧和摧毁途经道路的所有东西。

贝德里亚库姆战役

贝德里亚库姆是位于克雷莫纳附近奥格里奥海岸的罗马行省，同样是两次血腥战役的现场，这两场战斗始于公元 69 年 4 月 14 日和 10 月 24 日，最后以弗拉维新王朝的建立为这场战役画上了句号。

在贝德里亚库姆的第一次战役中，奥托的军队由禁卫军步兵、从默西亚和伊利里亚派遣来的军团及众多角斗士组成，他们与支持维特里乌斯的日耳曼军团对抗。日耳曼军团中包括由奥鲁斯 · 卡西纳和法比乌斯 · 瓦伦斯领导的第二十一军团和第五云雀军团，以及莱茵河军团的几支特遣队和巴达维亚辅助部队。奥托在洛库斯 · 卡斯托伦战役中失败后，维特里乌斯赢得了支持者。支持奥托但是没有及时赶到战场的多瑙河流域军团，拒绝承认新皇帝，并选择加入韦帕芗的阵营，该阵营也得到了第七加尔比亚纳（Galbiana）军团和第十三合组军团的支持。当维特里乌斯得知韦帕芗的军团正在前往罗马时，他决定前去与该军团交锋。贝德里亚库姆的第二次战役于 10 月 24 日晚上展开，最终以维特里乌斯的失败而告终。韦帕芗于公元 69 年 12 月被元老院承认为皇帝。

奥托部队和维特里乌斯部队之间的第一次冲突发生在利古里亚和加利亚 · 那尔玻年西斯的海岸上。在波河附近的第一场战役中，维特里乌斯部队战败，但没有被彻底击败。奥托并没有听从苏埃托尼乌斯 · 保利努斯和赛勒斯乌斯的建议，并且在两个军队决定性的对决中抛弃了自己的部队，这场于公元 69 年 4 月 14 日在贝德里亚库姆展开的战斗，奥托并不

①**加尔巴** 公元67年，加尔巴当时是近西班牙行省总督，作为第七西班牙加尔比亚纳军团的统领前往罗马，加尔巴本身也在西班牙长大。为了掩盖他与军队夺权的意图，他派遣西班牙军团前往潘诺尼亚，并由驻扎在多瑙河附近的第十合组军团随行。

②**奥托** 他离开罗马时军事支持不足（只有2.5万人），因此无法阻止法比乌斯·瓦伦斯的军团与奥鲁斯·卡西纳的军团联合。当贝德里亚库姆的第一场战役打响时，奥托身在布里克塞勒姆，在那里他得知自己的部队被击败的消息。奥托没有等到伊利里亚和默西亚大军的到来便自杀了。

③**维特里乌斯** 贝德里亚库姆一战中取得胜利之后，维特里乌斯在日耳曼军团的控制下，与支持韦帕芗的达努比亚军团作战，达努比亚军团以第二十一饕餮军团为首，包含第五阿劳德军团、第一意大利军团和第二十二基米尼加军团，另外还有七支辅助部队及独立特遣队。

④**韦帕芗** 韦帕芗和他的儿子提图斯位于东方，在那里他试图结束犹太人的叛乱。韦帕芗不仅得到了叙利亚和犹地亚军团的支持，而且还得到了由安东尼乌斯·普莱马斯领导的第七加尔比亚纳军团的支持。他被拥立为皇帝之后，第七军团和改名为第七合组军团的第一日耳曼尼察军团的士兵进行了重组，然后被派往西班牙监视加勒西亚地区的金矿。

在场，由此也决定了对战的结果。在关键性的一天到来之前，奥托部分禁卫军、保镖和骑兵撤退，这导致其余部队军心不稳。维特里乌斯部队的两位指挥官奥鲁斯·卡西纳和法比乌斯·瓦伦斯利用对手无耻的懦弱取得了压倒性的胜利。得知这一消息后，时年37岁的奥托决定结束自己的性命，并把权力交给了维特里乌斯。

战车

四马两轮战车是车头套着四匹马的两轮战车，它是赢得胜利的罗马将军的战车。后来被用于马戏团表演。此浅浮雕可以追溯到公元1世纪（第194—195页）。

面对公元 69 年事件的塔西佗

14 世纪，意大利作家乔瓦尼·博卡乔在蒙特卡西诺修道院发现了一份手稿，其中包含塔西佗《年鉴》(*Annales*)的结尾及其《历史》(*Histoires*)著作的第一批书稿。这些文章讲述了四帝之年的事件及弗拉维王朝第一位统治者韦帕芗统治时期开始。两份文献的发现对古罗马历史的研究有着很大的意义。

当内战于公元 69 年爆发时，塔西佗（上图）只是一个少年。所以他打算根据公元 69 年 1 月 1 日至公元 96 年图密善去世之间发生的事件来编写他的著作《历史》(*Histoires*)，这样一来，他不得不依靠其他历史文献或直接的证词来重新佐证事实。塔西佗，以及致力于加尔巴和奥托的两份传记的普鲁塔克，可能都是受到了老普林尼的著作的启发，老普林尼是《续阿乌菲迪乌斯·巴苏斯所著历史》(*La Suite d' Aufidius Bassus*)的作者，该书并未出版。塔西佗的岳父阿格里科拉也为塔西佗的第一本著作做出了贡献，塔西佗借鉴了他的回忆。在他的军事生涯开始之初，他曾在苏埃托尼乌斯·保利努斯的指挥下战斗。当塔西佗完成《历史》(*Histoires*)的撰写时，就要去献给涅瓦尔，然后便开始撰写《年鉴》(*Annales*)，该书记载了从奥古斯都逝世到朱里亚·克劳狄王朝结束这一时期的历史。然而，他没有叙述公元 68 年最后几个月的情况，可能是为了避开高卢文德克斯起义这一敏感话题。

荒淫无度的皇帝

战后的 40 天，维特里乌斯去了贝德里亚库姆，并发现了大屠杀后留下的可怕遗骸。在战场上，有数百具未埋葬的尸体，人的肢体和腐烂的马匹中裹挟着被丢弃的武器。在结束了感谢众神的献祭活动之后，对未来命运一无所知的维特里乌斯继续重返罗马的旅程，并且大肆挥霍帝国的财富以犒赏军中将士或者举办宴会，要么就是召开节日庆典。公民们也只能被迫地满足新帝的贪得无厌——这一切的穷奢极欲最终导致了新王朝的覆灭。只是由于曾经拥护维特里乌斯皇帝的日耳曼军团带来的威胁，这才暂时转移了元老院、禁卫军和忠于奥托的军队的注意力。例如，第十四军团就被调至前线对抗巴达维亚人，不过最后被流放至不列颠地区。

再以维特里乌斯为例，跟随他返回罗马的 7 万名武装人员毫无纪律并且残酷无情。在袭击和摧毁了沿途所有城市之后，他们又袭击了一个毫无武装力量的村庄（该村庄距离首都只有 7 英里），并杀死了许多试图自卫的公民。维特里乌斯带领军队前行，与他一同前行的还有 4 个军团，旗兵举着象征着帝国的鹰杖，在其身后还有 12 支骑兵队，他们高举着军队的旗帜。维特里乌斯身穿镶有朱红边饰的罗马长袍抵达罗马。不久之后，士兵们放弃了训练，整日游手好闲、风流快活，完全将军事纪律抛诸脑后。在历史上，塔西佗提到当日耳曼军团再次出发对抗韦帕芗军时，说他们只不过是“毫无精力的躯体，毫无活力的灵魂；行军缓慢而分散，武器七零八落，马儿们无精打采，士兵们对阳光、尘土及恶劣的天气感到厌烦，对行军的疲劳也感到厌倦”。

维特里乌斯作风腐败，军团的傲慢自大和信誉扫地造成一些士兵叛逃，在叙利亚总督盖尤斯·利辛纽斯·穆西安的煽动下，驻扎在东方的军团起义反叛。穆西安赞扬了韦帕芗的血统和军事美德，说他是帝国的理想候选人。在叙利亚、犹地亚和埃及，有九个军团及骑兵中队、海军特遣队、辅助队和东方盟国的君主支持他们。当他决定与维特里乌斯对抗时，韦帕芗前往恺撒利亚，并将叙利亚首都安提阿委托给穆西安。

埃及军事长官提比略·尤利乌斯·亚历山大于 7 月 1 日带头拥立韦帕芗为帝。两天后，犹地亚军队宣誓效忠韦帕芗。穆西安怂恿其士兵在安提阿剧院中故技重施，在剧院中，穆西安极大地鼓舞了人民和军队，并向他们保证维特里乌斯会把日耳曼军队转移到叙利亚，并将叙利亚妇女送往日耳曼，而在那里她们可能会面对更加糟糕的生活条件。位于庞特和亚美尼亚之间的所有省份，以及亚洲和希腊之间的沿海省份，都一致拥护韦帕芗，并与对维特里乌斯有敌意的禁卫军和对其不满的军团结盟，如被流放到不列颠地区的第十四军团、默西亚军团（第三、第七和第八克劳狄亚那军团）、潘诺尼亚军团（第十三和第七加尔比亚纳军团）、达尔马提亚及在贝德里亚库姆战役之后被送往西班牙的第一卡西亚·阿迪乌特里克斯军团的士兵。

支持奥托的多瑙河军队成为韦帕芗的拥护者，并在马库斯·安东尼奥·普里默斯的命令下向罗马进军，他们并没有等待东方部队的到来。9 月，维特里乌斯将制定防御策略的任务托付给他的将军瓦伦斯和卡西纳，但前者身体欠佳，后者则叛国。10 月 24 日，弗拉维部队在贝德里亚库姆的第二场战斗中赢得了胜利，并摧毁了维特里乌斯在克雷莫纳的营地。

韦帕芗登上皇帝宝座

公元 69 年 11 月，安东尼奥·普里默斯继续前往罗马，而维特里乌斯残军则前去应敌。两队人马于 12 月 13 日在卡索利发生冲突，维特里乌斯的军队因瓦伦斯之死而气馁，因此败退。

与此同时，在罗马，韦帕芗的兄弟提图斯·弗拉维乌斯·萨比努斯·韦帕芗（首都的行政长官）在没有使用暴力的情况下成功地让维特里乌斯退位，这样便避免了不必要的纷争。然而，由尤利乌斯·普里斯库斯和普布利乌斯·萨比努斯领导的 1.6 万名人员组成的步兵队，与不得不在卡比托利欧山寻求庇护的提图斯·弗拉维乌斯·萨比努斯相对峙。

在奥鲁斯·维特里乌斯退位后，卡比托利欧山于 12 月 19 日被烧毁。第二天，安东尼奥·普里默斯抵达罗马，他的军团击垮了维特里乌斯军队的负隅抵抗。维特里乌斯从他的藏身处被拖出，随后被杀害，他的尸身被扔到了台伯河里。公元 69 年 12 月 21 日，元老院在韦帕芗缺席的情况下宣布其为皇帝，在此期间罗马见证了人民拥护四个不同的皇帝上位。新皇帝的儿子提图斯在父亲的支持下被任命为执政官及犹地亚省总督。韦帕芗正在去往罗马的路上，穆西安和他的二儿子多米蒂安早已在罗马恭候他的大驾。韦帕芗于公元 70 年夏天抵达首都，此时距离提图斯镇压犹太人的叛乱并摧毁耶路撒冷只有几个月的时间。

韦帕芗的统治标志着罗马的新政治时代。行省精英分子掌管了帝国的统治权，在禁卫步兵和军团必不可少的支持下，精英们得出结论：任何一个行省都可以为新的皇帝欢呼。对于旧的贵族制而言，共和国的复兴仍会是一个未完成的梦想，奥古斯都建立的君主制可能会一直维持到帝国的末日。而为了弥补元首制中的缺陷，弗拉维王朝实行了更为成熟的王位继承制。

弗拉维王朝结束之际，公元 69 年的事件可能会在 27 年后重演。涅尔瓦还不得不面对禁卫步兵的叛乱，但与加尔巴不同的是，涅尔瓦是通过与军事领袖马库斯 · 乌尔皮乌斯 · 图拉真结盟来巩固自己的力量的。受到重用的图拉真（未来皇帝）平息了军团的起义，最终标志着元首制内部自由选举时期的开始。

罗马阿奎莱亚广场

于公元前 181 年建造，通过安尼亚与波河平原相连，出于对军事战略和对罗马帝国向欧洲和巴尔干半岛扩张领土范围的考虑，阿奎莱亚设立在亚得里亚海沿岸。从那时起，它的战略意义进一步提升，并确立了自己作为经济和文化中心的地位。在帝国时期，它的人口数量达到 20 万。上图为城市广场的废墟。

档案：罗马别墅和皇宫

遍布意大利各地的别墅和宫殿，富裕的罗马社会向我们展示着它的强大和繁荣。

一般而言，较富裕的罗马家庭都拥有多处住所。他们的财产分散在罗马最富裕的地区，以及山区或意大利海岸最宜人的地方，如特斯古林、安齐奥或巴亚。在首都，旧统治阶级和新统治阶级最喜欢的街区是帕拉蒂尼、维利亚和卡比托利欧，每个区域都享有优越的地理位置。这些街区修建在山上，位于城市的上空，空气清新、沁人心脾，广场的景色尽收眼底。对于这些显赫的居民而言，如此优越的地理

别墅的壁画

公元 79 年，维苏威火山的喷发把庞培和赫库兰尼姆的罗马贵族在奥塔姆的别墅埋在了火山灰和火山石下，这样一来，使得装饰墙壁的壁画可以很好地保存。壁画是由素描画家、壁画画家和画中的代表人物共同绘制的杰出作品，这些杰作在博斯科特雷塞格城，阿格里帕·波斯图姆的别墅中被发现，就像上图的壁画一样。另外，在拉齐奥的别墅中，像哈德良的别墅（旁边的图片）一样，仅保留了墙壁装饰的些许痕迹。

位置非常适合通过建造豪华的住所来展示自己的财富。

帕拉蒂尼山被认为是罗马最高贵的山丘，同时，帕拉蒂尼山上也留下了罗马神话创立的印记。根据哈利卡纳苏斯的戴欧尼修斯的说法，由赫尔姆斯和西米斯之子埃文德领导的一群来自帕拉蒂尼城的阿尔卡迪亚人在台伯河沿岸建立了一个村庄，并将其以他们祖国的名字命名。在山脚下，阿尔卡迪亚人建造了一个岩石保护区，称为卢珀卡，其中包括一片森林和一个洞穴，泉水的源头来自洞穴，附近是一棵野生无花果树。据说牧羊人浮士德勒在这棵树附近发现了罗慕路斯和瑞摩斯，当时有狼在照料他们，这两个兄弟可能是在这个地区附近的福斯图利图古里或罗姆里长大。

在共和国时期，一些贵族家庭想在这个神圣的地方定居并在帕拉蒂尼山上建立住所。在切尔马鲁斯地区的山顶上，人们发现公元前 60 年执政官昆图斯・卡埃基利乌斯・梅特鲁斯・凯雷尔的住所，他也是克洛狄亚的丈夫，而克洛狄亚又是诗人卡图卢斯的情妇，因其公元前 56 年毒害了丈夫而被人称为“帕拉蒂尼的美狄亚”。西塞罗在帕拉蒂尼也有他的住所，但后来在邻国和敌人克洛迪乌斯的命令下被拆毁，克洛迪乌斯是一个护民官，后来在西塞罗这位雄辩家被流放的时候，人们在其被拆毁的住宅上建造了一座献给自由的神庙。

罗马这些贵族的房屋建造于山坡上，居住面积通常不超过 1200 平方米。房间是按照罗马房屋的传统结构布置建造的：前庭可通向内部庭院，庭院中配有可收集雨水的蓄水池，这个院子还可通向接待室，它是一个部分封闭且装饰华丽的空间，每天早上在致敬仪式举行期间，家里的父亲都会在这里接待其拥护者（也就是指所有受到“父亲”保护的人）。住宅的后面通常是一个院子，院子四周是廊柱——列柱中庭，还有一个小花园。

诸如恺撒或庞培这类共和国末期的伟大将领，或者西塞罗的银行家朋友阿提克斯等新富豪，他们的权力是建立在金钱和武器上的，而不是基于能言善辩和法律知识，他们更喜欢在罗马郊外远离广场的大别墅中生活。然后，在奎里纳莱山、维米那勒山、凯利乌斯山或山丘中能看到大型别墅的泛滥，别墅周边围绕着茂盛的花园，花园里有郁郁葱葱的多年生植被，还装饰着喷泉、供奉山林女神的洞窟喷泉和许多雕塑，如真正的露天博物馆，模仿了希腊化住宅奢华的特征。

受众神庇佑

别墅的主人喜欢在绘画和浅浮雕上炫耀自己显赫的血统，认为他们的血统与神灵有关。上图仿造了提比略在斯佩隆加的别墅里的雕像，图中人物为朱里亚・克劳狄的祖先维纳斯・吉尼特里克斯（收藏于斯佩隆加考古博物馆）。

这些花园中的一部分甚至成为不同朝代皇帝的住所，如萨鲁斯蒂亚尼花园，位于奎里纳莱山的山门附近，恺撒是第一任所有者，但后来被历史学家萨路斯提乌斯收购，这多亏了他在非洲任职行省总督期间积累的财富。

别墅被重新归为提比略统治下的朱利安·克劳狄家族的遗产，根据拉丁文资料记载，它也曾是尼禄、韦帕芗、内尔瓦和奥雷利亚的临时住所之一，奥雷利亚比其他人更喜欢这里。提比略从长期逗留的罗得岛回来后，便在埃斯奎利诺山的梅塞纳提斯花园住了下来，这是奥古斯都在他的朋友兼顾问梅塞纳斯死后继承的住所。

帕拉蒂尼山

帕拉蒂尼山的许多贵族居民是尤利乌斯·恺撒的顽强对手。一些人甚至在刺杀暴君者的支持下，对抗马克·安东尼和屋大维。以著名雄辩家的儿子昆图斯·霍滕修斯·霍塔卢斯为例，他杀死了马克·安东尼的兄弟，然后被监禁在腓立比，并最终在他的受害者的坟墓中被杀。这种对恺撒的敌意使他们在公元前 43 年被登记在流放名单上，他们的财产在公开拍卖中被出售。在公元前 42 年，屋大维买下了帕拉蒂尼山上的五套住所（近 8600 平方米），他着力建造其中一处住所，其在几年后成为第一座皇宫。

由屋大维建造的房屋，可通过阿波罗省进入，根据希腊宫殿的建筑模型，这栋房屋具有两个宽敞的前庭，均可通向中央庭院。围绕西前庭的是私人住宅，离罗姆里不远，苏埃托尼乌斯表明奥古斯都在罗姆里附近已经住了 40 年。东前庭四周是公共区和艺术品区。房间分为两种层次：奢华楼层中，房间气派并装饰有埃及风格的异国情调壁画；低层次的楼层中，房间的天花板较低，并装饰有较少的精美画作。与帕拉蒂尼山山坡邻近的地理位置，为宫殿提供了观赏马克西姆斯马戏团表演和阿文提诺山风景的绝佳视野。

建筑群的兴建从公元前 42 年开始，但是这些建筑并没有得到长久的保存。公元前 36 年，一道闪电击中了住宅的中央，屋大维认为这是他的保护神阿波罗要求将房屋的一部分献给他的启示。因此，他决定拆除第一座宫殿，并在其废墟上建造第二座宫殿。新项目包括以合并邻近房屋（包括利维亚和普布利乌斯·科尔内利乌斯·苏拉的房屋）的方式来扩展宫殿。此外，他还计划将建筑群的一部分改建为阿波罗专用的文化中心，除此之外还有一座庙宇，一个能够容纳下元老们的元老院和一个被花园环绕的图书馆。这座新宫殿比第一座宫殿大三倍，占地 24546 平方米。

罗马显贵的住宅

罗马富裕家庭的房屋完全是根据他们的社会地位设计的。建筑的类型是家庭式住宅，通常有两层。人们通过前庭进入，前庭是通向中庭的一个小房间，那里有一个收集雨水的水池（蓄水池）。在这个内部庭院中，放置着祖先的画像或雕像，并且还放置了祭坛，这是献给守护灶台的拉尔神。从中庭可以到达塔布林，塔布林是为房子的主人保留的房间，也可以通向躺卧餐厅，晚餐就在这里进行，这是罗马人喜欢邀请尊贵客人享用正餐的地方。卧室或隔间很小，住宅还设有专门用于烹饪和如厕的地方。在公元 2 世纪，受希腊影响，住宅采用了宽敞的前庭，这种风格以牺牲中庭为代价。维苏威火山的灰烬完好保存了数栋庞培古屋，使专家们得以研究罗马的家庭建筑。

插图 卢修斯·卡西柳斯·朱昆杜斯的房子，由彼得·康诺利重建（1935）。

① **前庭** 由镶嵌画和壁画作装饰。每天早晨，在被屋主接待之前，所有宾客都在这里耐心等待。

阿波罗神庙竖立在第一座宫殿的前庭和中庭的废墟上，并在纳洛克胜利后献给了上帝。神庙前面是达奈德斯的柱廊，奥古斯都在此设置官方观众席。神庙左边是私人住宅，普罗佩提乌斯称之为“雷穆斯的房子”，右边则是公共房屋，奥古斯都于公元前 12 年被任命为大祭司后在此定居。

奥古斯都于公元 14 年去世后，利维亚一直在塞尔马鲁斯宫居住到公元 29 年。之后，在克劳狄和尼禄的统治下，元老院都在塞尔马鲁斯宫开过会。提比略决定住在父亲的房屋中，这栋房屋位于阿波罗神庙和罗马广场之间。卡利古拉扩大了提比里亚纳住宅，

② **中庭** 主人的房子和妇女工作区的中心，主人在这里展示他的财富，同时在此接待来访者。

③ **塔布林** 房屋主人的办公室，他通常在那里存放账本和金钱。它通常装饰得很华丽。

④ **列柱中庭** 这是个露天场地，通常位于花园中。它比中庭具有更多的家庭用途，有时还用错视画装饰。

他还将广场上的迪奥斯居尔神庙改建成了宫殿的前庭。在克劳狄的统治下，宫殿的不同建筑在一个单独的建筑单元中集合在一起，占据了帕拉蒂尼山西边的整个山坡。公元 54 年，正是在克劳狄建造的宫殿的楼梯上，尼禄被拥立为皇帝，年仅 17 岁。

尼禄的住宅

尼禄希望在当时已经非常城市化的罗马市中心，重新创建田园诗歌般的地方。因此，他决定将这栋王室住宅与旁边的梅塞纳斯花园合并，并且该项目采用了尼禄宫的构造方式，公元 64 年大

梅纳德雷住宅的蒸汽浴室

精美的镶嵌画和壁画装饰了这间庞培古城住宅的浴房。

火之后，尼禄宫得以重建，并扩展到了奥皮乌斯山，更名为金宫。

尼禄的宫殿通过大型室内走廊清晰地表达了住宅前部的不同空间，就好像它是一个大型建筑群一样。之后，哈德良在蒂沃利的别墅以相同的方式进行设计。

公元 64 年后，尼禄继续在帕拉蒂诺山和奥皮乌斯山上征用土地，这使得他可以建造由建筑师西弗勒斯和塞勒设计的新的皇家住所，那就像一栋巨大的郊区别墅。别墅由不同的建筑物组成，这些建筑物夸张地分布在由柱廊轨道连接的不同高度的人工露台上。他们还在两个山丘之间的山谷中挖了一个大池塘，并命名为尼禄湖，之后又在这里建造了斗兽场。正如考古遗迹或史学中对房屋的描述所表明的那样，住宅复杂的建筑结构源于极尽奢华的装饰和尖端的技术创新。例如，苏埃托尼乌斯关于旋转餐厅的说辞："餐厅的天花板是由可移动的象牙架子制成的，一些香水和鲜花从象牙架子上通过一些开口溢出。这些厅中最漂亮的是圆厅，它通过昼夜切换来模仿世界的循环运动。"苏埃托尼乌斯也提到过金银珠宝的挥霍（"所有东西都被金

别墅的雕像，真正的艺术宝藏

罗马贵族作为伟大的收藏家，可以花大价钱将他们的别墅变成名副其实的美术馆。自公元前 2 世纪以来，那里展出的许多雕塑都源于罗马将军对希腊的掠夺，如富尔维乌斯·诺比利奥尔将军或埃米利乌斯·保卢斯·马其顿尼库斯将军，他们曾带着 250 辆装满雕像的战车回到罗马。

在对维勒斯的审判中，西塞罗描述了一座梅西纳的别墅，在别墅中，人们可以通过一个私人小教堂看到普拉西特的丘比特、迈伦的青铜大力神和波留克列特斯的两尊头顶供品篮的少女像。西塞罗本人已指示阿提库斯带给他"可能适用于角斗场或体育场的所有物品"，为了装饰在特斯古林、庞培和阿尔皮诺的房屋，西塞罗负债累累。

大多数用于装饰休闲房屋的雕像都在中世纪的熔炉中变成石灰粉，但有些雕像逃脱了这种悲惨的命运，如支撑哈德良别墅中坎努帕斯两侧柱廊（如上图所示）的女性人物，她们藏身于意外跌落的泥泞里，或者是位于斯佩隆加的提比略别墅中波利菲莫斯雕像建筑，它们被海水淹没。

位于斯佩隆加的提比略别墅建在一个海蚀洞附近。皇帝在洞中放置了一群雕像，用来代表《奥德赛》中的一个故事——尤利西斯和他的同伴们弄瞎了独眼巨人波利菲莫斯（旁图）。

哈德良别墅

受益于钟形柱头创新的所有皇家别墅中，最著名的无疑是哈德良在蒂沃利建造的别墅。是皇帝亲自参与设计的一个独特项目，该空间不仅是别墅，还被设计并布局为花园城市，并于公元 118 至公元 134 年间分几个阶段建造。这些建筑群位于费拉塔河和罗卡布鲁纳河之间的高原上，占地超过 120 公顷，自公元前 2 世纪末以来，这里就有别墅存在了。

哈德良别墅群的建筑物通过地下道路网络连接在一起，包括人行道和双轮马车专用道。这样一来，忙碌的奴隶和货物运输不会打扰皇室成员和他们的尊贵客人的休息。室外空间由众多柱廊和画廊相连。

在住宅区的一侧是供皇帝使用的奢华建筑，其中包含一处夏季住宅和一处冬季住宅。也拥有不同的露天躺卧餐厅，并配有独立的厕所、图书馆、温泉浴场、带有柱廊的花园，以及周围装饰着喷泉的大型游泳池，甚至还有两个剧院和几座凉亭。哈德良传记的作者卢修斯·埃利乌斯·斯巴蒂安努斯说，人们可以在别墅中欣赏帝国最为珍贵的地方，如雅典哲学院或雅典科学院、柱廊池塘、坦佩山谷或亚历山大的坎努帕斯。在住宅区的另一侧是供高阶级人员使用的建筑物，这些建筑中也有辅助通道。最后，分配给仆人的住所占据了房子的很大一部分，通常位于拱顶长廊下方，拱廊长廊支撑着别墅的人工露台。

哈德良在蒂沃利的别墅，与许多其他罗马休闲别墅一样，都是在中世纪通过掠夺得来的。覆盖地板和墙壁的珍贵大理石被重新用于建造新住宅，其丰富的装饰品逐渐散布在欧洲各地的众多公共和私人收藏者手中。

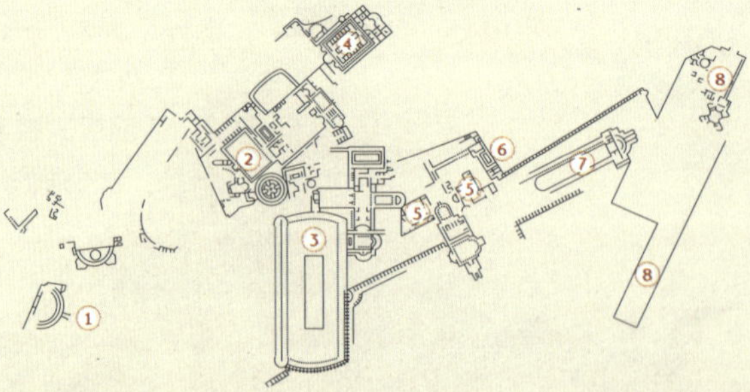

①**希腊剧院**　在别墅群的郊区修建了一个按照希腊模型建造的剧院，观众席坐落在山丘之上，剧院前部还有一个舞台。

⑤**温泉浴场**　它配备有罗马浴池或土耳其浴池的大型温泉浴场，以及较小的温泉浴场组成，小浴场主要面向下层人士。

②**图书馆** 尽管它的名字叫作图书馆，但实际上它是夏季的躺卧餐厅，可以进入一个称为“海上剧院”的微型游乐区。

③**柱廊池塘区** 在别墅的中心开创了一个宽阔的空间，两侧是柱廊，中间有一个水池，并由奴隶居住的百间卧室支撑。

④**皇宫** 它建在某个共和国晚期的别墅的废墟上。在宫殿内，大型的“金色广场”被用于节日庆祝和宴会。

⑥**营帐** 在建造主要建筑物的人工露台下，是供仆人居住的地方，分布在三个楼层上。

⑦**坎努帕斯与神庙** 一个进深119米的人工湖，湖的尽头是一个有供奉山林女神的洞窟喷泉和神庙，人们在那里举办宴会或者庆祝活动。

⑧**学院和罗卡布鲁纳塔** 再现了雅典的两个标志性建筑：柏拉图学院和用作眺望台的蒂蒙塔。

子、宝石和珍珠母所覆盖”），似乎揭示出尼禄想提供给罗马人民黄金时代的野心。

东帕拉蒂尼山一直保存着一些私人住宅，直到公元64年，最终被纳入了弗拉维王朝的皇室住宅。这只是奥古斯都住宅向东的延伸，因此被命名为奥古斯塔纳宫。弗拉维宫殿具有宽敞的过道，通过该过道可以进入各个房间。北面的宝座厅或圆厅是一个进深30米的半圆形后殿，旨在提升皇帝的威严并给那里的外国使节留下深刻的印象。

休闲别墅

为了逃离首都的喧嚣，寻找更平和的生活方式，罗马贵族不得不在意大利最美丽的地方寻找休闲场所。其中一处就是贵族们比较喜欢的那不勒斯海湾，在古代被称为克拉特。帝国家族将其选为避暑胜地后，在巴亚、斯塔比斯、奥普洛蒂斯（托雷安农齐亚塔）或波西利波建造别墅，并将在周围建造住宅的特权只赋予最有权势的贵族。

坎帕尼亚地区肥沃的土地出产了半岛上最好的葡萄酒，如法莱恩或卡伦；海湾的渔民捕获了许多新鲜的鱼类；多亏了来自火山的硫黄水，维苏威火山附近温泉浴场中的水还可以给呼吸道疾病或皮肤病患者治疗。此外，在地中海最大的港口之一——波多利港口，还有许多最精致的产品：亚洲的羊毛、丝绸和地毯，阿拉伯和印度的香料及珍珠、大理石、宝石和那个时期来自世界所有地区的奴隶。贵族开始在山丘上种树，然后越来越靠近海岸，最后甚至在水里种树，这都要归功于用该地区的火山灰制成的水硬性砂浆的发明，这种物质在与水接触时会变硬。可以使植物在海中竖立。

当首都的贵族们撤回坎帕尼亚时，据斯特拉波说，他们学习了希腊人的生活方式，穿上了希腊服装，从此以休闲的方式生活，如阅读，晚上与朋友进行哲学思考或文化辩论，以及园艺艺术，或在私人花园中重现史诗般的神话情景的艺术。别墅建设的中心思想也在它们的名字中得到了体现：奥古斯都将他在卡普里的阿普拉戈波利斯别墅命名为“闲散之城”，普布利乌斯·维迪乌斯·波利翁则将自己的帕西里蓬别墅命名为“悲伤在那里终结”。他还在阿文提诺山上拥有一座宫殿，并将其遗赠给了奥古斯都。但是它如此富丽堂皇，以至于奥古斯都将其拆除，并在其所在位置建造了一座公共建筑“利维亚柱廊”。

维迪乌斯·波利翁也将波西利波的别墅遗赠给了奥古斯都，这是最著名的一座罗马休闲别墅。像帕拉蒂尼山上的皇家住所一样，人们也将乡村别墅建筑的各个部分根据地理位置的自然条件进行了改造，以营造出演出剧场的效果。别墅的各个部分都有特定的用途：有住宅公寓、温泉浴场、表演区及其他专门用来表演和接待访客的区域。维迪乌斯·波利翁的别墅中的剧院可容纳 2000 个座位，并设有可容纳水上表演的游泳池。个人剧院则用于诗歌独奏会和音乐会，可容纳 100 个座位。从温泉浴场出来，是一条配有柱廊且旁边设有洞窟喷泉的道路，洞窟由精雕细琢的雕塑装饰，这条路通往整个住宅里的各栋建筑，所有建筑都依次搭建在露台上，并装饰有华丽的绘画和精美的玻璃马赛克。

别墅中必然有一个池塘，专门用于养牡蛎和鱼类。这种池塘已经成为贵族阶层社会地位的象征，同时显示出别墅主人荒诞不经的行径，他们用珠宝为海鳝打扮或把奴隶的肉喂食给海鳝。

坎皮佛莱格瑞山上的别墅是用于建筑实验的实验室，在那里人们开创了新的建筑形状和新技术，后来将其应用于其他皇家别墅中。人们将海湾最富罗马特色的一项发明归功于盖尤斯·塞尔吉乌斯·奥拉塔：温泉浴池，其地板由小支柱增高，并通过循环来自地下火山口的热空气使得浴池里的水得到加热。

青年半人马座

在哈德良别墅中发现的这一宏伟的东方大理石雕像（藏于罗马的卡比托利欧博物馆中）。

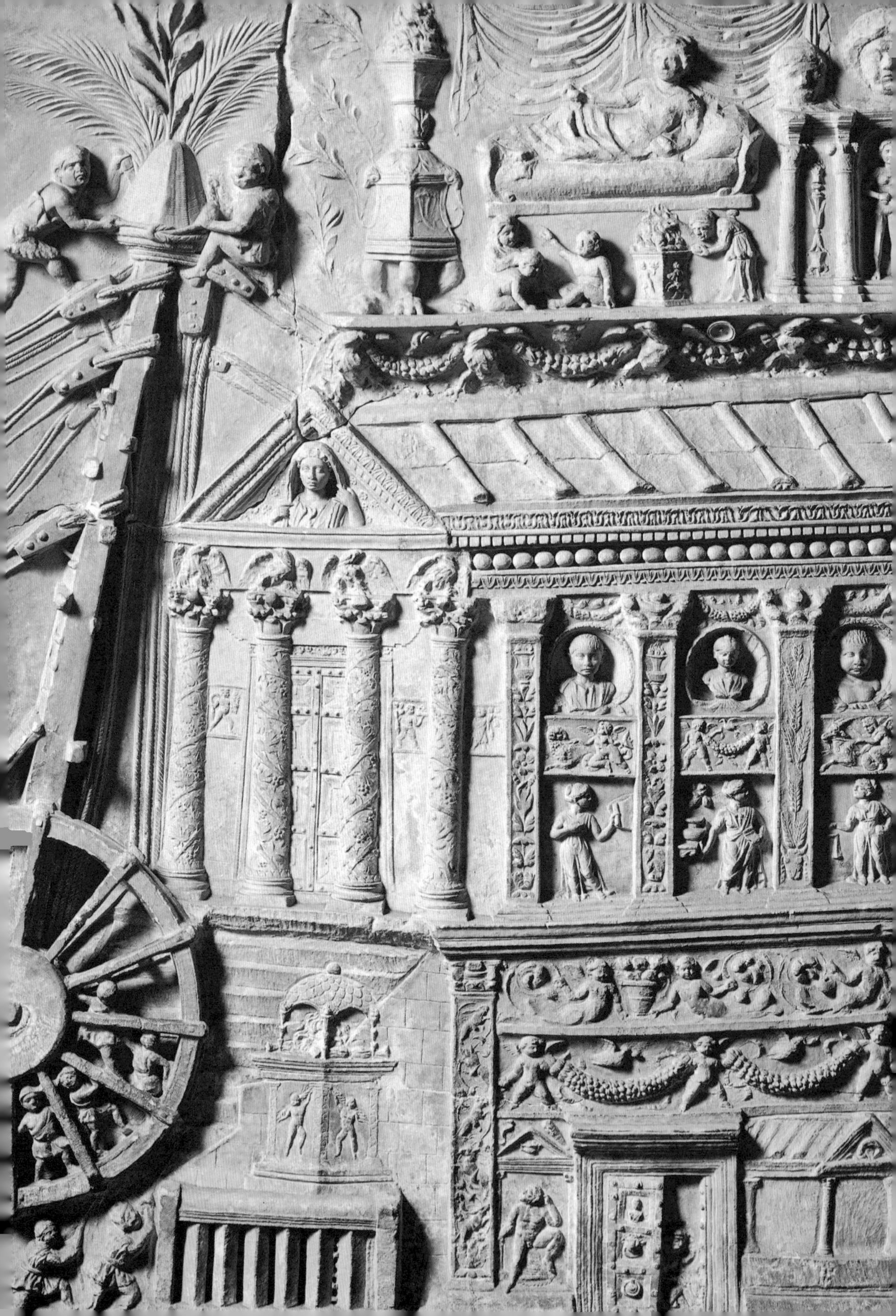

附 录

插图（第212页） 这幅大理石浮雕描绘了正在建造工程的场景——哈特里石棺，1世纪（收藏于罗马梵蒂冈博物馆）。

朱里亚·克劳狄王朝（1世纪）统治下的罗马

里海
博斯普鲁斯王朝
黑海
乌姆
拉茨）
多米斯（今康斯坦察）
多瑙河
下默西亚
今尼什）
色雷斯
拜占庭乌姆
（今伊斯坦布尔）
比提尼亚和本都
特拉裴苏斯
（今特拉布宗）
佩林苏斯
尼科梅地亚
（今伊兹密尔）
安西拉
（今安卡拉）
卡帕多西亚
恺撒利亚·卡帕多西亚
（今开塞利）
别迦摩
（今佩加蒙）
亚洲
加太拉
以弗所
（今以弗所）
雅典
（今雅典）
安达利亚
（今安塔利亚）
利西亚
潘菲利亚
奇里乞亚
塔赫苏斯
（今塔瑞斯）
安塔基亚
（今安塔基亚）
叙利亚
Tigre
Euphrate
大马士革乌斯（今大马士革）
迪鲁斯（今泰尔）
海滨恺撒利亚
犹地亚
埃利亚·卡比多利那
（今耶路撒冷）
克里特岛
亚历山大港
（今亚历山大港）
孟斐斯（今孟斐斯）
尼罗河
埃古普托斯
红海
亚洲 元老院行省
伊庇鲁斯 皇帝直辖行省
行省省会
其余重要的市镇
阿克提乌姆战役（公元前31年）之前罗马的疆域
保护国
被吞并的领土
被奥古斯都吞并的领土
奥古斯都之后朱里亚·克劳狄家族其他人吞并的领土
征服日耳曼尼亚的规划（公元前12年—公元16年）

对照年表

罗马

公元前 42 年—公元前 27 年

- 盖尤斯·屋大维·图里努斯，恺撒大帝的继承人
- 后三头政治：马克·安东尼、屋大维和雷必达
- 谋杀恺撒事件发生。同时期还有马克·安东尼与屋大维之间的权力斗争
- 马克·安东尼和克利奥帕特拉建立了一个“东方希腊”王国
- 阿格里帕在阿克提乌姆击败克利奥帕特拉的舰队

文化事件：

- 维吉尔撰写《田园诗》和《农事诗》

公元前 27 年—公元 14 年

- 元老院授予屋大维“奥古斯都”的头衔
- 共和国复兴
- 奥古斯都获得护民官的权利及罗马帝国的行政总督职权
- 帝国的和平
- 由奥古斯都任命的朱利安家族继任者去世

文化事件：

- 和平祭坛。奥古斯都广场
- 贺拉斯和奥维德的作品。维吉尔的《埃涅阿斯纪》

公元 14 年—公元 41 年

- 提比略的元首制
- 日耳曼尼库斯之死在叙利亚上演，以及对盖尤斯·卡尔普尼乌斯·皮森的审判
- 权力掌握在禁卫军长官卢修斯·艾利斯·塞扬努斯的手中
- 对国王大不敬的案件审理
- 卡利古拉将元首制改革为神权君主制

文化事件：

- 在帕拉蒂尼山上建造提比略宫

东部王国

公元前 44 年—公元前 27 年

帕提亚：

- 入侵叙利亚、西里西亚和卡里亚

亚美尼亚：

- 罗马人和帕提亚人渴望得到亚美尼亚

犹地亚：

- 帕提亚君王帕科鲁斯一世向犹地亚宣战
- 犹地亚国王大希律王在位

文化事件：

- 海城恺撒利亚的建立
- 扩建耶路撒冷的圣殿

公元前 27 年—公元 14 年

帕提亚：

- 征战犍陀罗（印度河谷）
- 为争夺对亚美尼亚的控制权而与阿塔班三世和罗马抗争

犹地亚：

- 阿奇拉、大希律王的两个儿子希律·安提帕斯和希律·腓力之间的王国共享

纳巴泰王国：

- 阿雷塔斯国王与犹地亚国王希律·安提帕斯之间的战争

文化事件：

- 佩特拉的陵墓和庙宇

西部边境和国家

公元前 44 年—公元前 27 年

毛里塔尼亚：

- 波库斯和波库斯二世统治毛里塔尼亚
- 廷吉斯起义
- 波库斯二世将毛里塔尼亚王国遗赠给屋大维

努米底亚：

- 朱巴二世和克利奥帕特拉·塞勒涅二世（马克·安东尼和克利奥帕特拉的女儿）的婚姻

公元前 27 年—公元 14 年

日耳曼：

- 在马可曼国王马尔波德的引领下，日耳曼和凯尔特人民联盟
- 罗马在条顿堡被切卢斯克国王阿米纽斯击败

达尔马提亚：

- 伊利里亚人首领巴顿一世起义反抗罗马

伊利里亚：

- 斯科迪斯奇部落入侵马其顿

公元 14 年—公元 41 年

日耳曼部落：

- 马尔波德与切卢斯克国王阿米纽斯对峙
- 日耳曼尼库斯毁灭夏登人的国家

潘诺尼亚：

- 提比略的儿子德鲁索斯设立了潘诺尼亚省

毛里塔尼亚：

- 毛里塔尼亚托勒密统治期间，塔克法里纳斯率领北非人民起义
- 在里昂，卡利古拉杀死了毛里塔尼亚的最后一位君主托勒密

公元 41 年—公元 54 年

- 克劳狄被禁卫军拥护为皇帝
- 帝国的治理托付给自由奴隶
- 毛里塔尼亚分为廷吉塔纳和凯萨雷纳
- 征服不列颠南部
- 梅萨利纳同盖尤斯·西留斯的政变企图

文化事件：

- 在奥斯蒂亚建设克劳狄港口

公元 54 年—公元 68 年

- 小阿格里皮娜之子尼禄成为皇帝
- 税制改革和消除间接税
- 恢复最高等级的审判
- 盖尤斯·卡尔普尼乌斯·皮森的阴谋

文化事件：

- 金宫
- 希腊哲学的文化革命
- 卢修斯·安纳乌斯·塞涅卡的著作及马库斯·阿努斯·卢坎的著作

公元 68 年—公元 69 年

- 卢格敦高卢的盖尤斯·尤利乌斯·文德克斯起义
- 塞尔维乌斯·苏尔皮基乌斯·加尔巴和马库斯·萨尔维乌斯·奥托起义
- 禁卫军长官盖尤斯·奥弗尼乌斯·提格利努斯和盖尤斯·尼菲迪乌斯·萨比努斯的背叛
- 拥护维特里乌斯为皇帝
- 贝德里亚库姆之战

文化事件：

- 卡比托利欧火灾

公元 14 年—公元 41 年

纳巴泰王国：

- 在阿雷塔斯四世统治下，纳巴泰王国的辉煌时期达到了巅峰。

亚美尼亚：

- 帕提亚人建立的阿萨息斯王朝在亚美尼亚确立统治。第一代阿萨息斯王朝。

中国：

- 新王朝的王莽废除了奴隶制和大地主阶级

文化事件：

- 在巴尔米拉建立巴尔保护区

公元 41 年—公元 54 年

帕提亚：

- 沃洛加西斯一世征服亚美尼亚，并将亚美尼亚赠予兄弟梯里达底

犹地亚：

- 希律·阿格里帕被克劳狄立为犹地亚的皇帝

埃及：

- 亚历山大的犹太人起义

中国：

- 东汉王朝第一位皇帝刘秀（光武帝）

公元 54 年—公元 69 年

犹地亚：

- 犹地亚的第一场战争
- 韦帕芗在罗马打压犹太人
- 弗拉维乌斯·约瑟夫斯，加利利的统治者

纳巴泰王国：

- 纳巴泰人在大马士革战败

亚美尼亚：

- 在克内尤斯·多米蒂乌斯·科尔布罗取得胜利之后，罗马派遣蒂格兰六世到亚美尼亚成为统治者

公元 41 年—公元 54 年

日耳曼：

- 罗马哲学国王瓦尼乌斯掌管着马可曼和瓜德
- 苏维汇人王国由瓦尼乌斯的侄子万吉乌斯和西多共享，他们都忠于罗马

不列颠：

- 卡利古拉正在准备对阵不列颠人的运动
- 梅德韦河战役和泰晤士河战役。由奥鲁斯·普劳提乌斯部队击败卡图维劳尼人

公元 54 年—公元 69 年

日耳曼：

- 萨勒河源头附近的埃尔蒙杜雷斯人和夏登人之间的冲突

不列颠：

- 维努蒂乌斯起义对抗卡蒂曼杜瓦，卡蒂曼杜瓦是不列颠的女皇而且是罗马帝国的盟友
- 由特里诺文特人和卡图维劳支持爱西尼女王布狄卡反抗

文化事件：

- 莱茵河与默兹河之间的运河（科尔

朱里亚·克劳狄家族系谱图

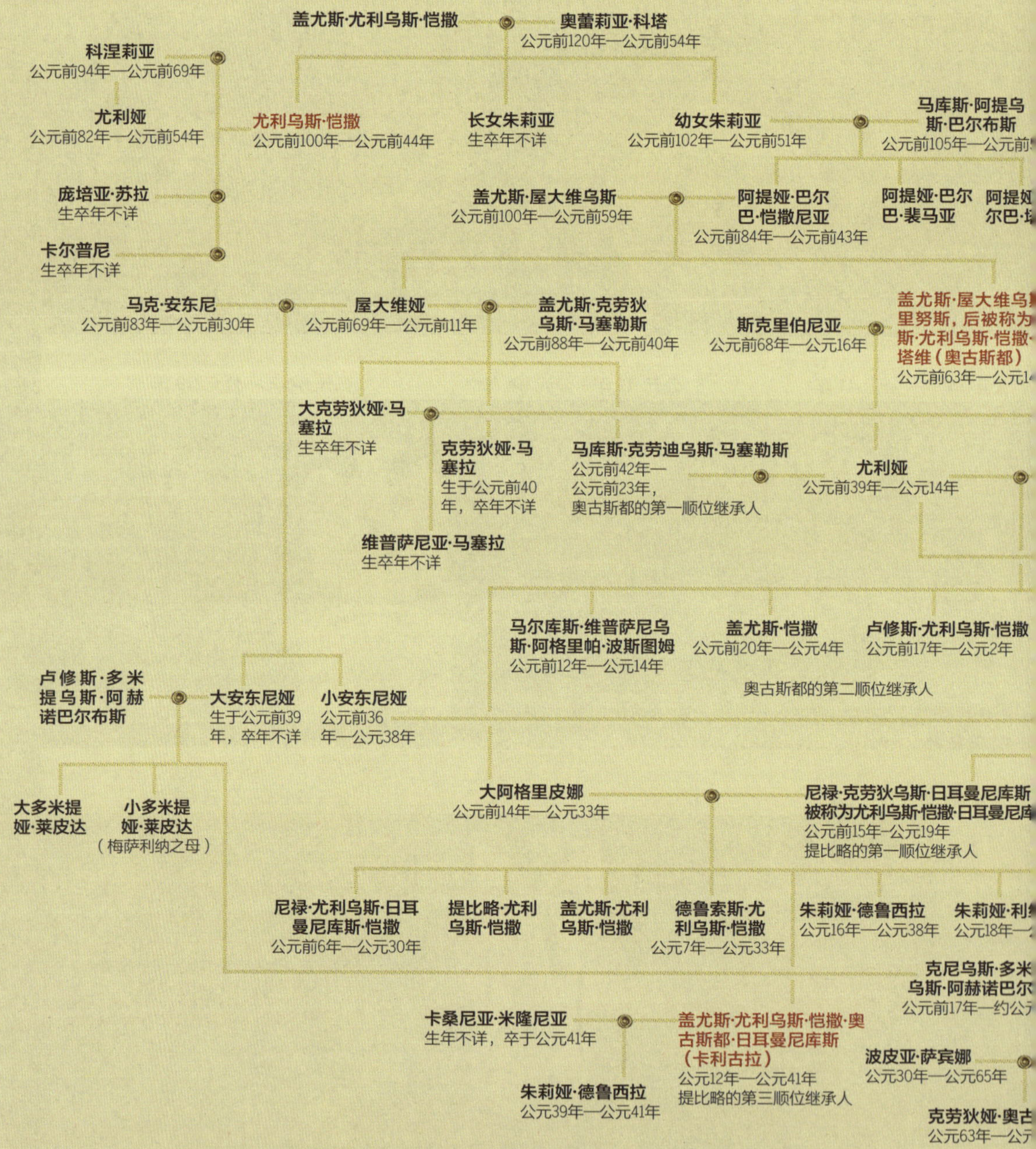

朱里亚·克劳狄王朝

奥古斯都
统治时间：公元前27年—公元14年

提比略
统治时间：公元14年—公元37年

卡利古拉
统治时间：公元37年—公元41年

克劳狄
统治时间：公元41年—公元54年

尼禄
统治时间：公元54年—公元68年

和平祭坛浮雕中的朱里亚–克劳狄家族。浮雕的第一层中，从左至右依次是：提比略皇帝，小安东尼娅和她的儿子日耳曼尼库斯，大德鲁苏斯，大安东尼娅及其女儿多米提娅。

利维亚·德鲁西拉（利维亚）
公元前58年—公元29年

提比略·克劳狄乌斯·尼禄
公元前85年—公元前33年

马尔库斯·维普萨尼乌斯·阿格里帕
公元前63年—公元前12年

凯西尼亚·阿提卡
公元前63年—公元前12年

提比略·克劳狄乌斯·尼禄，后被称为提比略·尤利乌斯·恺撒
公元前42年—公元37年
奥古斯都的第四顺位继承人

维普萨尼亚·阿格里帕
公元前36年—公元20年

普萨尼亚·朱莉娅·阿里帕
前18年—公元28年

大尼禄·克劳狄乌斯·德鲁索斯
公元前38年—公元前9年

尼禄·克劳狄乌斯·德鲁索斯，后作尤利乌斯·恺撒·德鲁索斯
公元前13年—公元23年
提比略的第一顺位继承人

克劳狄娅·利维拉
公元前13年—公元31年

朱莉亚·利维拉
公元5年—公元43年

提比略·尤利乌斯·恺撒·尼禄·吉梅卢斯
公元19年—公元37年
提比略的第二顺位继承人

提比略·克劳狄·尼禄·日耳曼尼库斯
公元前10年—公元54年

普拉蒂娅·乌古拉尼拉
生卒年不详

莉亚·帕蒂娜
生于公元5年
卒年不详

提比略·克劳狄乌斯·恺撒·日耳曼尼库斯二世·吉梅卢斯
公元19年—公元23年

小阿格里皮娜
公元17年—公元59年

瓦莱里亚·梅萨利纳
公元25年—公元48年

·克劳狄乌斯·恺撒·奥都·日耳曼尼库斯
37年—公元68年
狄的继承人

克劳狄娅·屋大维娅
公元40年—公元62年

提比略·克劳狄乌斯·恺撒·布里塔尼古斯
公元41年—公元55年

克劳狄娅·安东尼娅
公元30年—公元66年

NATIONAL GEOGRAPHIC

图书在版编目（CIP）数据

罗马帝国的崛起 / 美国国家地理学会编著；周婉茹，李雪妍译 -- 北京：现代出版社，2020.8

（美国国家地理全球史）

ISBN 978-7-5143-8420-8

Ⅰ. ①罗… Ⅱ. ①美… ②周… ③李… Ⅲ. ①罗马帝国－历史 Ⅳ. ①K126

中国版本图书馆CIP数据核字（2020）第048810号

版权登记号：01-2020-2642

由北京久久梦城文化发展有限公司代理引进

罗马帝国的崛起（美国国家地理全球史）

编 著 者：美国国家地理学会

译　　者：周婉茹　李雪妍

策划编辑：吴良柱

责任编辑：吴良柱　张　霆

内文排版：北京锦创佳业文化传播有限公司

出版发行：现代出版社

通信地址：北京市安定门外安华里504 号

邮政编码：100011

电　　话：010-64267325　64245264（兼传真）

网　　址：www.1980xd.com

电子邮箱：xiandai@vip.sina.com

印　　刷：北京瑞禾彩色印刷有限公司

开　　本：710mm*1000mm 1/16

印　　张：14　　字　　数：204千

版　　次：2020年8月第1版　　印　　次：2020年8月第1次印刷

书　　号：ISBN 978-7-5143-8420-8

定　　价：68.00元